쓰는 몸으로 살기

쓰는 몸으로 살기

김진해 지음

나를 다듬고
타자와 공명하는
어른의 글쓰기

프롤로그

✝

머리가 아닌, 몸으로 하는 글쓰기

이 책을 기획하면서 처음 떠올린 제목은 '무적의 글쓰기'였습니다. 보통 '무적無敵'은 '매우 강해 겨룰 만한 적수가 없다'는 뜻으로 쓰입니다. 더 이상 대적할 대상이 없는 사람에게 쓰죠. 무시무시한 말입니다. 만나는 적마다 다 무찌르니까요. 요즘 말로 '원톱'이 되는 글쓰기랄까요.

저는 다른 뜻으로 새겨보았습니다. 한자를 가만히 쳐다보면 다르게 읽힙니다. '적(敵)이 없다(無)'. 적을 만들지 않는 글. 있던 적도 친구로 만드는 글. 어떤가요? 당신에게도 적이 있을 겁니다('척진 사람' 정도로 합시다). 말을 섞는 게 고통스럽고 마주치기만 해도 마음이 불편해지죠. 되도록 한자리에 앉지 않으려 합니다. 살면서 그런 사람이 점점 늘면 힘듭니다.

내색은 안 하지만 글을 쓰는 많은 사람이 독자를 적으로 생각합니다. 설득하거나 굴복시켜야 할 대상으로요. 어리석으면 가르치려 들고, 강하면 논파해서 기어코 이겨먹으려 하죠. 글로 상대를 제압하고 내 주장을 받아들이게끔 하고 싶어 합니다.

하지만 글쓰기는 상대를 제압하는 게 아니라 상대와 공존하고 싶다는 메시지입니다. 적도 친구로 만들고 싶기 때문에 치밀어 오르는 말을 눌러 천천히 글로 옮기는 것입니다. 쓰기란 상대를 밀어내는 게 아니라 내 쪽으로 당기는 일입니다. '당신이 틀렸어!'라고 말을 할 때도 종국에는 '그러니 제발 나와 함께하자'고 하는 겁니다. 현실의 모순과 갈등에 눈감자는 말이 아닙니다. 친구로 만들겠다는 생각을 포기하지 않겠다는 거죠. 성취하기 불가능하지만 추구해야 할 자세입니다.

무적이란 말엔 '무적無籍'이란 한자어도 있습니다. '소속(籍)이 없다(無)', 달리 말하면 '고향이 없다' '근거가 없다'입니다. 글쓰기는 한 편의 글에 안주하지 않습니다. 고체로 굳어버리지 않고 움직임 속에서 생각의 흐름을 잠시 움켜쥐었다가 이내 놓아주는 거죠. 글을 하나 썼다면 잠깐 안도했다가 이내 그 글에서 떠나야 합니다. 끝없이 이어지는 글쓰기. 고향이 없으니 계속 떠나는 거죠. 쓰고, 떠나고, 다시 쓰고, 다시 떠나고. 같은 글감으로 글을 써도 쓸 때마다 달라집니다. 계속 움직여야 합니다. 마음에 들든 들지 않든 그 자리에 눌러앉지 않고, 표표히 떠나야 합니다.

무적의 글을 쓰기 위해서는 반복을 통해 '쓰는 몸'을 만들어야 합니다. 반복은 자신의 몸속에 이미 들어와 있었지만 무심히 흘려보냈던 세계의 질서와 타인의 흔적을 찾아내고 조심스럽게 끄집어낼 수 있는 감각을 갖춘 몸을 만들어 줍니다. 그 몸은 자신을 '쓰는 몸'으로 탈바꿈하기 위해 꾸준히 앉아 있어야 만들어집니다. 세상을 향해 손을 내밀기 위해 막막함 속을 헤엄치면서 끝내 문장 하나를 써냅니다. 그렇게 자기 삶을 새롭게 해석한 문장을 바느질하듯이 한 땀씩 이어갑니다. 무적의 글쓰기는 자신을 '쓰는 몸'으로 탈바꿈하여 삶을 이어가 보려는 사람의 글쓰기입니다. 그래서 제목을 '쓰는 몸으로 살기'로 바꾸었습니다. 우리 삶이 그러하듯이 쓰는 몸은 끊임없는 글쓰기를 추구합니다. 머리로 쓰는 것이 아닌, 몸으로 쓰는 글쓰기를 추구합니다. 시시각각 변하는 살이 보이고 좌충우돌하는 삶이 녹아 있는 글쓰기를 추구합니다.

이 책은 2022년 11월부터 3년 동안 《한겨레21》에 '무적의 글쓰기'란 이름으로 매달 연재한 칼럼을 바탕으로 글을 추가, 보완해 엮은 것입니다. 연재 당시 매월 주제를 던져주고 독자분들의 원고를 받아 첨삭을 해드렸는데, 사느라 바쁠 텐데도 꼬박꼬박 글을 보내온 독자분들이 있었습니다. 쓰는 몸이 되어가는 과정을 스스로 확인하면서 꾸준히 글을 쓰셨습니다.

평범한 사람들이 쓴 글을 지면을 통해 함께 살펴보는 경험이 귀했던 터라 투고 원고 중 일부를 이번 단행본에도 실었습니다. 그분들의 글 덕분에 이 책이 좀 더 생동감 있게 바뀌었습니다. 글을 실으라고 기꺼이 허락해준 독자 여러분들께 감사드립니다. 아울러 저의 울뚝불뚝한 글을 동글동글하고 딴딴한 조약돌로 갈아주신 편집자 이연재 님께 감사드립니다.

이 책이 쓰는 몸으로 살기 바라는 분들에게 작은 보탬이 되기를 바랍니다.

2025년 가을,
수유리 북한산 인수봉을 올려다보면서
김진해 씀

차례

프롤로그

머리가 아닌, 몸으로 하는 글쓰기 ▸ 004

1부 당신에게는 어떤 문장이 있나요

타자와 공명하는 작업 ▸ 014

표현이 말하지 않는 것 ▸ 022

구체에서 추상으로 ▸ 028

'나쁜' 글이 남는다 ▸ 034

무엇이 글이 될 수 있는가 ▸ 042

주제는 선명하지 않을수록 좋다 ▸ 053

✛ 글감을 잘 풀어내기 위하여 ▸ 063

2부 좋은 글은 어떻게 구성될까요

더하기와 빼기의 미학 ▸ 068

내 몸에 타인의 시점을 새기는 일 ▸ 083

문체, 삶이 빚어낸 양식 ▸ 093

경험을 낯설게 번역하기 ▸ 103

세계와 감응하는 단 하나의 문장 ▸ 112

어떤 장면은 자꾸 나를 잡는다 ▸ 122

'적확한' 단어 찾기 ▸ 131

내 글을 정박시키는 법 ▸ 138

'쓰기 싫다'에서 출발하는 쓰기 ▸ 148

글도 분갈이가 필요하다 ▸ 158

╋ '인간적인' 글쓰기를 위하여 ▸ 163

3부 말해지지 않은 것을 써볼까요

시간의 두께 ▸ 170

장면을 상상하게 하는 힘 ▸ 178

나는 보았지만 독자는 보지 못했다 ▸ 190

새로운 말의 세계로 ▸ 199

불완전하다는 자유 ▸ 208

나로부터 출발하는 언어 ▸ 216

감정은 피부 밖에 있다 ▸ 224

✛ 나의 이야기를 독자에게 잘 전하기 위하여 ▸ 231

4부 쓰는 듯 살고, 사는 듯 읽으세요

몸으로 새긴 감수성 ▸ 236

타인이 되는 즐거움, 나를 내놓는 간절함 ▸ 246

책이 나를 통과할 때 ▸ 255

반복의 발견 ▸ 264

삶의 축을 세우는 일 ▸ 273

평등하고 자유로운 공간에서 ▸ 282

이질성을 초대하는 글쓰기 ▸ 291

'다른 몸'의 감각으로 ▸ 300

에필로그

글을 '잘' 쓰고 싶다면 ▸ 310

1부 당신에게는 어떤 문장이 있나요

타자와 공명하는 작업

저는 매주 글을 쓰고 있습니다. 《한겨레》에 '말글살이'라는 이름으로 칼럼을 연재하고 있는데, 벌써 6년이 넘었군요. 만나는 분마다 "와, 대단하네요. 어떻게 다른 주제로 매주 꼬박꼬박 글을 쓸 수 있대요?" "쓸 주제를 몇 개 정도는 미리 준비하고 있죠?" "나도 써봐서 아는데, 짧게 압축해서 쓰는 게 훨씬 어렵던데 그걸 매주 하는군요" 하며 칭찬해줍니다. 그런 얘기를 들으면 내심 우쭐하기도 하지만, 실제로 여러분이 글을 쓰는 제 모습을 본다면 분명 '글 쓰는 게 저렇게 난리법석을 떨 정도의 일인가' 하실 겁니다.

이 글쓰기 책을 처음 쓰기 시작하면서도 첫 칼럼을 준비할 때와 똑같은 짓을 반복했습니다. 한 달 내내 서재와 도서관에 있는 '글쓰기 책'을 뒤적거렸습니다. 글쓰기 책만이었겠습니까? 수사학책이며 거창한 철학책도 훑고 있더라고요. 이 과정은 글쓰기를 처음 하는 사람이 자주 겪는 시행착오입니다. 이 호들갑이 아주 쓸모없지는 않지만, 가급적 빨리 졸업하는 게 좋습니다. 책만 뒤적거리는 건 비범한 글을 쓰고 싶은 욕심이 앞서서일 겁니다. 정말로 하고 싶은 말이 뭔지 또렷하지 않아서이기도 하겠죠. 생각을 가다듬는 데 책이 도움이 되긴 하지만, 책만 뒤적거리다간 낭패 보기 십상입니다.

저처럼 매주 글을 쓰는 사람도 왜 이리 글쓰기가 어려울까요? 드라마나 영화에서 주인공이 글 쓰는 모습을 보면, 푹신한 의자에 앉아 멋진 만년필로 종이에 쓱쓱 쓰기만 하면 바로 그럴듯한 글이 나옵니다. 저는 그런 적이 한 번도 없습니다. 부드럽게 말해 난리법석이라 했지만, 정확하게는 '지랄발광'을 합니다. 서재에 꽂힌 책을 다 내려 바닥에 탑을 쌓아놓습니다. 몇 평 되지도 않는 집 안을 괜히 휘젓고 다닙니다. 드러누워 천장을 멍하니 쳐다봅니다. 새우처럼 몸을 웅크리고 가짜 잠을 잡니다. 안 하던 대청소를 시작합니다. 느닷없이 목욕을 합니다. 배가 부른데도 자꾸 먹을 걸 찾습니다. 곁에 있는 사람에게 수시로 신경질을 부립니다. 가관인 거죠.

톨스토이의 소설 《부활》을 보면, 주인공 카추샤가 독살 사건의 범인으로 몰려 법정에 섭니다. 우리는 판사들이 증거를 바탕으로 정의롭게 사건을 다룰 거라 기대합니다. 하지만 재판장은 재판을 빨리 끝내고 숨겨둔 애인이 기다리는 호텔로 달려갈 궁리만 합니다. 배석판사도 아침에 아내와 돈 문제로 다퉈 기분이 좋지 않아 피고인들에게 괜한 신경질을 부립니다. 각기 다른 꿍꿍이와 변수가 얽히고설켜 무고한 주인공은 유죄판결을 받습니다. 글 쓰는 사람이 처한 상황도 비슷합니다. 진공상태가 아닌 뭔가가 얽힌 채 글을 씁니다. 예측불허의 복잡한 상황 속에서 쓰는 것이죠. 해결해야 할 크고 작은 일들이 나를 집어삼킬 듯이 노려보고 있습니다. 글은 쓰든 말든 알아서 하고, 급한 일부터 하라고. 모든 게 해결된 평화로운 시간은 드물거나 없습니다. 피할 수도 없습니다. 그런데도 왜 글을 쓰려는 걸까요?

좋은 글은 어떤 글인가

글쓰기는 내 얘기가 독자에게 가닿기를 간절히 바라는 행위입니다. '당신에게 들려줄 이야기가 있으니 잠깐 시간을 내어주세요.' 글은 독자와 공명하고 싶을 때 하는 작업입니다. 독자의 머리끄덩이를 낚아채거나 멱살을 잡으려는 게 아닙니다. 물론 그 공명의 성격이나 진폭에 따라 공감을 얻기도 하고 마음에 격동을 일으키기도 하며 결정적인 각성의 계기를 선물하기도 합니다. 다만 그건 오롯이 독자의 몫입니다. 글쓴이는 오직 겸손한 자세로 독자와 공명하려고 시도할 뿐입니다. '내 얘기를 들어주세요.' 자세를 낮추고 목소리를 가다듬어 곡진하게, 간절하게 말해야 합니다. 자리에 앉자마자 자기 얘기만 퍼붓는 사람은 거북합니다. 끝까지 듣기도 어렵죠. 숨을 깊이 들이마시고 내 글을 읽어줄 사람의 상태를 살피면서 써야 합니다.

좋은 글은 '그 글의 주인이 보고 싶어지는 글'입니다. 백과사전이나 요리법처럼 어떤 정보를 알려주는 글을 보고 글쓴이가 궁금하지는 않잖아요. 촘촘한 논리나 멋진 표현이 아닌, 글 속에 글쓴이의 목소리와 체온이 담긴 글을 만나면 그 사람을 만나보고 싶어지죠. 살아오면서 한 가지 일만 했다면 어떻게 그리 뚝심 있게 한 가지 일에 몰두하며 버텨왔는지, 여러 우여곡절을 겪은 사람이라면 어떻게 그리 다양한 경험 속에서 자신을 지켜왔는지, 뭘 할지 몰라 방황하는 사람이라면 그 방황의 냄새와 깊이가 궁금합니다. 확고한 글보다는 흔들리는 글, 배회하고 찾아 헤매는 글, 삶의 두께가 느껴지는 글을 쓴 사람이 보고 싶더군요. 글의 주인이 보고 싶어지는 글은 그 글이 나에게 와

닿았다는 뜻입니다. 글을 쓰는 이유도 누군가에게 가닿고 싶다는 마음 때문이겠고요.

예를 들어볼까요. 다음 두 글을 비교해보세요.

Ⓐ 나는 눈치를 많이 보는 편이다. 상대방을 과하게 의식하면서 예의를 차린다.
Ⓑ 나는 아는 사람을 만나면 두 번 인사한다. 먼저 "안녕하세요"라고 하며 고개를 숙이고 상대가 "안녕하세요"라고 답하면 다시 "안녕하세요"라고 하며 고개를 숙인다.

둘 다 비슷한 얘기이지만 저는 Ⓑ글을 쓴 사람이 보고 싶습니다. 구체적이어서 머릿속에 장면이 떠오르기도 하지만, 그런 자세로 사람을 대하는 분을 직접 만나고 싶어집니다.

힘을 빼면 생기는 일

글의 주인이 보고 싶어지는 글을 쓰려면 무엇보다 몸에 힘을 빼야 합니다. 젠체하며 목을 빳빳하게 세우고 핏대를 올리는 사람은 가급적 만나고 싶지 않습니다. 글에도 그런 게 다 담깁니다. 그런 글은 내용이나 표현이 하나같이 진부하고 자기주장을 일방적으로 강요하는 경우가 많습니다.

모든 운동에서 코치가 선수에게 가장 많이 하는 말이 '힘 빼'라는 말입니다. 국민타자 이승엽 선수의 타격 자세를 보면 손과 허리에 힘을 빼고 바람을 가르듯이 방망이를 휘두릅니다. 축구공을 정확하게 멀리 차려면 발목에 힘을 빼야 합니다. 농구에서도 손목에 힘을 빼야 슛이 부드럽게 잘 들어갑니다. 힘을 바짝 줘야 할 것 같은 역도나 유도에서도 힘을 빼라고 합니다. 힘을 빼야 상대방의 움직임을 살피는 여유가 생기고 걸리적거리는 것 없이 빠르게 반응할 수 있습니다. 글도 마찬가지입니다. 힘을 뺀 글이 좋습니다.

힘을 빼려면 글 쓰는 과정에서 상대방을 느끼려고 하는 게 좋습니다. 상대를 의식한다고 해도 좋습니다. 이게 제일 중요합니다. 내 글이 상대방에게 가닿으려면 상대방의 기운을 느껴야 합니다. 물론 상상입니다. 그걸 어떻게 하냐고요? 글쎄요, 저도 어렵습니다. 눈앞에는 공책이나 모니터밖에 없는데, 글을 쓰는 과정에서 상대의 기운을 느낀다는 게 얼마나 어려운 일이겠습니까?

그런데 그래야 합니다. 글쓰기는 두 사람의 작업입니다. '둘의 경험'이랄까요. 작가와 독자의 대화. 누군가 내 얘기를 듣고 있다고 상상하면서 쓰는 겁니다. 머릿속에 있는 생각을 마구 내뿜는 게 아니라, 독자의 기운을 느끼면서 그 독자에게 내 얘기를 간절하게 풀어내야 합니다. 그러면 독자는 나의 건너편 자리에 앉아 얘기를 듣습니다. 이런저런 말도 하고요. "좀 더 자세히 말해봐." "그 얘긴 좀 긴걸." "그건 말이 좀 안 된다." "다음 얘기가 궁금하군!"

어떤 글쓰기 책에서는 먼저 쓰고 난 다음에, 내 안에 있는 독자를 불러내어 이것저것 검토를 맡기라고 합니다. 제 경험으로는 처음부터 독자가 곁에 있는 게 좋더군요. 상대의 등에 비수를 꽂으려고 몰래 '칼을 갈았다'는 느낌을 주는 글도 있습니다. 하지만 우리의 목표는 그런 글쓰기가 아닙니다. 상대를 굴복시킬 것이 아니라면 처음부터 제대로 마주 앉아 얘기를 나누는 게 좋습니다. 이 글을 쓰면서도 그렇게 하고 있습니다. 존댓말로 쓰는 게 어떠냐고 제안한 것도 그 독자였고요.

말의 본성

이 책을 통해 말의 본성과 몸의 움직임이라는 두 줄기로 글쓰기를 풀어보려고 합니다. 말의 본성을 알면 글을 쓸 때 자신감이 붙더군요. 예를 들어 말에는 '드러내면서 감추는 특성'이 있습니다. 뭔가를 쓴다는(드러낸다는) 것은 한편으로 뭔가를 감춘다는 뜻임을 알면 글이 차분해지고 겸손해지더군요.

몸의 움직임을 아는 사람은 글을 대하는 자세도 좋아집니다. 저는 국내에 많이 알려지지 않은 무술인 아이키도(합기도)를 8년 정도 수련하고 있습니다. 이 무술을 통해 상대를 어떻게 대해야 하는지, 내 몸은 어떻게 움직여야 하는지를 배웁니다. 힘을 빼라는 것도 여기에서 배웠습니다. 이게 글쓰기에 엄청 도움이 되더군요.

'글의 주인이 보고 싶어지는 글을 쓰려면 상대방의 기운을 느끼면서 쓴다!' 어떤가요? 이 글을 읽고, 제가 보고 싶으신가요? 그럼 성공입니다. 아니라고요? 다음 장에서 재도전해보겠습니다.

표현이 말하지 않는 것

'사물을 있는 그대로 빠짐없이 말할 거야'라고 각오한 사람이 있었습니다. 그는 사람들이 쓰는 말이 언제나 부정확하다고 불평합니다. 그는 '김밥'이란 말에 불만이 많습니다. '김밥'은 '김'과 '밥'이 합쳐진 말인데, 눈앞에 보이는 그 음식은 다른 재료들도 가득 담겨 있거든요. 그걸 사람들이 깡그리 무시한다는 거였죠. 그래서 그는 김밥집에 가면 이렇게 주문합니다. "단무지당근소시지시금치어묵깻잎김밥 한 줄 주세요!" 떡볶이집에 가서도 '고추장어묵대파떡볶이' 1인분을 달라고 합니다. '고추장어묵대파계란떡볶이'와 '고추장어묵튀김만두떡볶이' '고추장어묵대파라면사리떡볶이'를 구분 못 하는 사람들이 한심스러웠습니다.

　엉뚱해 보이겠지만 그의 말에는 진실이 담겨 있습니다. '인간은 세계를 있는 그대로 말할 수 없다!' 말은 이 세계를 있는 그대로 담을 수 없습니다. 김밥에 들어가는 단무지, 당근, 소시지, 시금치, 어묵, 깻잎을 모두 나열하면 될까요? 아닙니다. 아무리 그렇게 해도 우리가 아는 김밥을 온전히 말한 게 아닙니다. 앞서 말한 재료를 양푼에 담아 뒤섞는다면 그건 김밥이 아니라 비빔밥이겠죠. 김밥은 대나무 김발 위에 김을 놓고 밥을 얇게 편 뒤 다른 재료들을 나무젓가락 굵기 정도로 가지런히 올려놓고 돌돌 말아야 합니다. 그 위에 참기름을 살짝 바르고 참깨를 뿌리기도 하죠. 김밥은 재료뿐만 아니라 고유의 모양과 만드는 절차가 있습니다. '김밥'이라 말하면 '진짜 김밥'에 대한 정보가 줄줄 새어나갑니다.

언어의 활성화

　말은 사물 중에서 가장 눈에 띄는 것만 선택합니다. 언어학에서는 이것을 '활성화'라고 합니다. 말은 대상의 일부분만을 선택적으로 드러내고 선택되지 않은 것들을 감춥니다. 김밥에 들어가는 재료가 많지만 그중 '김'과 '밥'만을 선택적으로 활성화한 것이죠. 나머지들은? 모두 감춰집니다. 잊히는 거죠.

문장도 마찬가지입니다. '자동차가 가로수를 들이받았다'라는 문장을 보시죠. 이런 사고가 일어났다면, 대부분 이 문장이 그 사고를 있는 그대로 묘사한다고 할 겁니다. 하지만 이걸로 끝일까요? '자동차가 가로수를 들이받았다'라는 문장은 '자동차가 빗길에 미끄러졌다' '자동차가 중심을 잃었다' '자동차가 도로의 턱을 타고 올라갔다' '자동차 보닛이 시옷 자로 구겨졌다' '에어백이 터졌다' '운전자가 머리를 다쳤다' 따위의 장면들을 숨깁니다. 다시 말해 '자동차가 가로수를 들이받았다'라는 문장은 전체 사건의 극히 작은 부분만을 도드라지게 선택한 것이죠.

하나의 글도 마찬가지입니다. 글은 연속적이고 뒤엉킨(미분화된) 세계에서 어떤 것은 언급하고 어떤 것은 누락시키는 방식으로 편집합니다. 우리의 기억도 편집입니다. 여러분의 하루를 5분짜리 영상으로 편집한다고 생각해보세요. 나중에 눈으로 보는 건 5분짜리 그럴듯한 영상입니다. 나머지 23시간 55분은 잘려나가는 것입니다. 글도 선택이고 편집입니다.

그래서 우리는 '양눈'이 필요합니다. 한쪽은 말이 드러내는 부분을 보는 눈이고 다른 쪽은 말이 감추는 부분을 보는 눈입니다. 이 2개의 눈을 갖췄다면 세상을 헤매지 않아도 됩니다.

고수(달인)들이 '은둔형'인 경우가 많은데 이해가 갑니다. 한눈 안 팔고 자신이 하는 일을 곱씹기 때문입니다. '할 수 있는 것' 뒷면에 붙어 있는 '할 수 없는 것'을 함께 사고하되, '할 수 없는 것'에까지 도달하려 하기 때문입니다. '성인은 문밖에 나가지 않고도 천하를 안다'고 하더군요(노자, 《도덕경》, 47장). 2개의 눈이 있다면, 문을 열고 세상일에 귀를 쫑긋하지 않아도 새로운 글을 쓸 수 있습니다.

말해지지 않은 것을 떠올리자

'색즉시공色卽是空'이란 말도 우리 얘기와 이어집니다. 색즉시공은 시간 순서대로 '색色'이던 것이 '공空'으로 바뀐다는 뜻이 아닙니다. 색만으로도 안 되고 공만으로도 안 됩니다. '색이면서 동시에 공'이라는 것입니다. 색과 공을 동시에 보는 눈이 있어야 한다는 뜻이겠죠.

글을 쓸 때 '나는 무엇을 선택할 것인가'를 고민하는 동시에 '나는 무엇을 선택하지 않았는가'를 검토해보세요. 무작정 쓰는 게 아니라 '내 머릿속에서 떠오르는 생각은 언제나 선택이다. 감춰진 게 더 없을까?' 하고 떠올릴 필요가 있습니다. 가시적인 말을 불신할 때 새로운 말이 튀어 오릅니다.

말 나온 김에 김밥 얘기 좀 더 해보죠. 제가 바쁠 때 자주 가는 김밥집이 있습니다. 부부가 하는 가게인데 손이 얼마나 날랜지 가게 텔레비전에서 나오는 뉴스 한 꼭지를 미처 다 보기 전에 김밥을 포장해줍니다. 남편은 전형적인 회사 중역 같은 모습입니다. 약간 무뚝뚝하고요. 갈 때마다 알루미늄포일에 싸달라고 하지만 잠깐 방심하면 거창한 스티로폼 용기에 담고 계십니다. 그렇게 자주 갔는데 무심하기도 하시지. 아내분은 몸놀림이 단정해 귀티가 납니다.

그런데 그 김밥집에 대해 글을 쓴다면 그런 얘기는 안 할 겁니다. 제가 그 집에 가는 이유는 '칼' 때문이거든요. 김밥 써는 칼이 심하게 닳아서 애초의 칼날보다 반 정도 크기밖에 안 됩니다. 더 놀라운 건 그 칼이 고작 3년밖에 안 됐다는 사실입니다. 이 집 주인 내외가 어떻게 살아왔는지 그 칼이 증언해주더군요. 저는 다른 것들은 다 버리고 '칼'을 선택할 겁니다.

표현된 것 뒤에 표현되지 않은 것이 동시에 있음을 알고 자신이 선택한 단어와 문장을 겸손하게 보되 불필요하게 택한 건 없는지 돌아봐야 합니다. 표현되지 않은 것 속에 놓친 것이 없는지도 살펴봐야 합니다. 그러니 어찌 내가 선택한 단어와 문장을 허투루 대할 수 있으며, 어찌 그 단어와 문장에 가려진 것을 애틋하게 살피지 않을 수 있겠습니까. 말에 가려 '말해지지 않은 것들'을 찾으려고 더듬거리는 마음으로 글을 쓰면 좋겠습니다.

구체에서 추상으로

ℓ

'추상을 만나면 구체를 생각하고, 구체를 만나면 추상을 생각하라.'

글을 쓸 때 갖춰야 할 마음의 습관으로 무엇보다 추상과 구체를 번갈아 생각하는 연습을 하라 권하고 싶습니다.

'사과'로 시작해볼까요. 글을 쓰기 위해 '사과'를 봤다면 사과라는 구체具體에 머물지 않아야 합니다. 만일 여러분이 사과의 모양, 맛, 색깔 같은 걸 생각하고 있다면 계속 구체에 머무는 것입니다.

그런데 구체에서 추상을 찾기란 말처럼 쉽지 않습니다. 진부한 의미만 떠올리기 쉽죠. '사랑'이나 '금단의 열매'(성경)와 같이 사회적으로 굳어버린 의미 말입니다. 사과를 진공이나 무중력 상태에 놓인 것으로 생각하기 때문입니다. 사과만 쳐다보면서 '사과, 사과, 사과'를 되뇌다 보면, 그 말에 끌려 '사과는 맛있어, 맛있으면 바나나'를 외치게 됩니다.

말에 끌려다니지 않으려면 말의 특성을 알아야 합니다. 말은 사물의 차이를 감춥니다. 겉은 빨간데 속은 하얗고 아삭아삭한 질감에 새콤달콤한 맛을 내는 동그란 과일이 있습니다. 이들 각각은 고유한 색깔과 모양과 맛을 가집니다. 그런데 '사과'라는 말은 이들 각각이 가진 고유성을 무시하고 마치 하나의 단일한 사물인 양 생각하게 합니다. 마트에서 사과를 한 박스 샀다고 합시다. 분명 같은 상자에서 꺼낸 사과인데도 맛과 모양이 다릅니다. 어떤 건 짱짱한데 어떤 건 푸석푸석하죠. 그런데 '사과'라는 말은 이런 차이를 무시한 채 마치 동일한 것처럼 등치시킵니다. 차이를 감추는 말의 본성을 안다면, 우리가 쓰는 글은 더 세밀해질 필요가 있습니다. '구체'는 '사과'만 바라보는, 그런 구체가 아닙니다.

사과는 동그랗지만은 않다

추상은 구체에서 저절로 나오지 않습니다. '사과'라는 말(명사) 하나에 머물러 있어선 안 됩니다. 거미줄처럼 생각을 확장해야 합니다. 구체를 남다르게 관찰해야 합니다. 이때 '남다르다'는 '기발하게'라는 뜻보다는 '끈기 있게'라는 뜻에 가깝습니다. 사과로 할 수 있는 행동을 끈기 있게 떠올려보세요. 사과를 한 입 베어 물기, 입을 앙다물고 오물오물 먹기, 입을 벌려 우걱우걱 먹기, 먹다가 그냥 접시째 상에 놔두기, 껍질이 끊어지지 않게 한 줄로 깎기, 그러다 중간에 끊어져 툭 떨구기, 포크로 찍어 앞에 있는 사람 입에 넣어주기, 씨를 씹어 퉤퉤 뱉기…. 이렇게 행동을 떠올린다는 건 사과에 얽힌 '사건'이나 '사람'을 떠올린다는 뜻이 됩니다.

사과는 동그랗기만 하지 않죠. 사과 꼭지도 튀어나와 있고, 반대편엔 꽃받침과 수꽃술의 흔적으로 움푹 파여 있습니다. 반으로 잘랐을 때 사과 씨를 중심으로 심장처럼 생긴 경계선도 있고요. 사과가 어디에 들어 있는지도 떠올릴 수 있습니다. 사과 상자, 보자기, 외투 주머니, 반찬 통에도 들어 있고 샌드위치, 샐러드, 잼, 주스에도 들어가죠. 사과와 연결된 것을 최대한 펼쳐놓아야 거미줄에 나방이 걸리듯 고유한 이야기와 의미(추상)가 튀어나옵니다.

'일상에서 말의 주인이 되어 삶의 철학을 탐구하자'는 차원에서 '짝퉁 철학자 되기'라는 제목의 칼럼을 쓴 적이 있습니다. 거기에서 "당신에겐 어떤 문장이 있는가? 당신에게 쌓여 있는 문장이 곧 당신이다"라는 말을 했는데요, 실은 작은할머니가 돌아가시기 몇 해 전 추석에 "집은 사람이 기둥인데, 사람이 없으니…" 하며 흘리듯이 던진 말이 글감이 되어 쓴 것입니다. 제 글이 만들어진 과정은 이런 식입니다. '작은할머니의 말(구체) → 삶의 철학은 말을 색다르게 보는 데서 시작함(추상) → 다른 예 찾기(구체) → 당신에게 쌓여 있는 문장이 곧 당신이다(추상)' 그런데 실제 쓴 글은 마지막에 있는 '당신에게 쌓여 있는 문장이 당신이다'라는 말로 시작합니다. 생각하는 것과 실제로 문장을 배치하는 건 다른 차원이죠. 여하튼 우리 머릿속이 구체에서 추상으로, 추상에서 구체로 자유롭게 넘나들어야 글이 깊어지더군요. 핵심은 구체를 홀로 놓아두지 말고, 구체와 연결된 행동과 사건, 또는 다른 사물을 떠올려야 한다는 것입니다.

일상 속 추상의 실마리

그럼, 추상에서 구체는 어떻게 길어 올릴 수 있을까요? '삶' '사랑' '정의' '평화'라는 말은 추상적입니다. 이런 걸 글감으로 삼아 '산다는 건 말이지, 어쩌고저쩌고' 하다 보면 글을 망치기 십상입니다. 추상을 만나면 그것을 담는 구체가 무엇이 있는지를 탐색해야 합니다. '삶이란 무엇인가?'라면서 추상적으로 정의하려 하지 말고, 삶의 의미를 깨닫게 해주는 구체적 사건이나 사물, 사람을 떠올려야 합니다.

제가 학생과 반말(평어) 쓰는 선생으로 알려져 있는데, 반말 쓰기도 '추상에서 구체로'라는 방식을 밟았습니다. '언어라는 거대한 장치가 우리를 사로잡고 있다'는 추상적인 얘기를 하고 싶었습니다. 처음에는 이걸 추상적으로만 얘기했습니다.

"모든 언어에는 '반드시' 표시해야 하는 요소가 있다. 프랑스어는 모든 명사에 남성, 여성 중 하나를 반드시 표시해야 한다. 독일어는 중성까지 있다. 한국어에는 '경어법'이 그렇다. 존댓말과 반말 중의 하나를 안 쓰면 말을 맺을 수 없다. 반드시 표시해야 할 것이 우리를 강제한다."

이런 식이었습니다. 학생들이 감명받을 줄 알았습니다. 그런데 웬걸요, 감명은커녕 시큰둥하게 흘려듣거나 꾸벅꾸벅 졸기만 하더군요. 안 되겠다 싶었죠. 말의 질서가 갖는 힘을 직접 체험하게 하고 싶었습니다. 그걸 '평어 쓰기'라는 '구체'에서 찾았습니다. 추상을 말하려고 구체의 숲을 뒤적거린 거죠.

그렇다고 추상과 구체를 엄격히 나누라는 게 아닙니다. 추상과 구체의 경계를 허물어야 한다는 뜻입니다. 사람들은 이 둘을 쉽게 분리합니다. 추상은 뭔가 고매한 고담준론 같고, 구체는 시시껄렁한 일상이라 여기죠. 일상에서 추상의 실마리를 끄집어내야 합니다. 추상적인 얘기를 하고 싶으면, 추상이 실현된 구체적인 현실(일상)로 내려와야 합니다.

'나쁜' 글이 남는다

1945년 연합군은 전쟁 포로와 유대인을 가둬둔 독일의 베르겐 벨젠 강제수용소를 해방합니다. 여러분이라면 이들에게 어떤 구호품을 보내겠습니까? 먹고 입을 게 절실했을 테니, 빵이나 담요를 보냈겠죠.

얼마 지나지 않아 첫 구호품이 도착했습니다. 예상과 달리 엄청난 양의 립스틱이었습니다. 어느 영국군 장교는 이 기이한 장면을 보고 일기장에 '천재적인 발상'이었다고 적었습니다. 굶주림에 몸을 못 가누면서도 입술에 빨간 립스틱을 바르는 수감자들은 더 이상 팔에 문신을 새긴 숫자에 불과하지 않고 자기 외모에 신경을 쓰는 '사람'이 될 수 있었다고 본 거죠. 립스틱이

이들에게 다시 인간성을 되돌려줬다는 겁니다. 인간다움은 당장의 허기를 채우는 것을 넘어서나 봅니다.

이 예상 밖의 사건은 우리가 글을 쓸 때 가져야 할 핵심 목표인 '반전反轉'에 대해 알려줍니다. 우리가 아는 도덕이나 상식은 허위입니다. 반발심이 생기더라도 글을 쓰기로 작정했다면 일단 거기서 출발하는 게 좋습니다. 진실은 도덕이나 상식과 거리가 멀고, 가끔은 도덕과 상식을 배신하기조차 합니다(배고픈 자에게 립스틱이라니!).

도덕과 비도덕 사이의 가름끈

어머니는 오랫동안 요양원에 계시다가 돌아가셨습니다. 요양원이 강원도 고향에 있어서 위독하다는 연락이 오면 가서 며칠 곁에 있다가 좀 괜찮아지시면 다시 서울로 돌아오기를 반복했습니다. 그 무렵, 외국에 1년 체류할 계획이 잡혀 있었습니다. 내색하지는 않았지만 '출국하기 전에 돌아가셨으면' 하는 못된 마음이 들었습니다. 출국한 다음에 돌아가시면 비싼 비행기표를 다시 사서 왔다 가야 하니 손실이 컸죠. '다행히' 어머니는 출국 한 달 전에 숨을 거두셨습니다. 저는 얼마나 부도덕한 자식입니까. 돌아가실 때 어머니를 품에 안고 흘렸던 눈물과 식어가는 어머니의 뺨을 어루만지는 제 손길이 진짜였을까요, 비행기 요금을 계산하는 마음이 진짜였을까요.

여러분을 공범으로 끌어들여 말하자면, 우리 마음은 늘 이렇습니다. 어떤 일이든 도덕과 비도덕, 윤리와 비윤리가 동시에 뒤엉켜 있죠. 겉으로는 그럴듯하게 말하고 행동하지만, 마음속에서는 자기 눈앞에 보이는 한 줌의 이익에 골몰하죠. 어머니의 마지막 장면을 글로 쓴다면 제 잇속만 챙기는 저 모습을 썼을 겁니다. 부끄러움을 무릅쓰고 쓴다면 말입니다(이미 썼으니, 부끄럽기 짝이 없네요).

더 창피해지기 전에, 글 얘기로 돌아오겠습니다. 여러분의 아버지는 어떤 분인가요? 자기소개서에 자주 등장하는 표현인 '엄하면서도 자상하신 분'이신가요? 이번에는 일단 '그렇지 않다'고 생각하는 데서 출발해보는 겁니다. 다음 문장으로 시작하는 글이 있다면, 여러분은 어떤 글을 읽겠습니까?

Ⓐ 우리 아버지는 착하다.
Ⓑ 우리 아버지는 사기꾼이다.

'우리 아버지는 사기꾼이다'라는 문장에 눈길이 가죠. 아버지를 '사기꾼'이라고 말하는 파격과 진솔함 때문이겠지요. '도덕'의 눈으로 봤을 때, 아버지는 자식을 사랑하고 가족을 돌봐야 하는 사람입니다. 그래야 하는 아버지를 사기꾼이라고 하면, 궁금해지죠. 실제로 직업이 사기꾼일 수도 있고, 가족을 장난스럽게 골려 먹는 재미로 사는 사람일 수도 있겠죠. 여하튼 '사기꾼'이라는 말 속에 남다른 진실이 담겨 있을 것만 같은 느낌입니다(사람이 참 못됐죠).

당연하다는 섣부른 판단

우리는 이미 '아버지'에 대한 전형적인 상像을 갖고 있습니다. 아버지라면 갖춰야 할 상투적 덕목이나 기대치가 있죠. 그런 이미지는 기성품입니다. 사회가 우리에게 주입한 걸 그대로 따라 할 뿐입니다. 그러다 보니 아버지에 대한 글은 내용이 빤합니다. 가난했지만 성실하게 일해 성공했다거나, 가족을 위해 헌신했다거나, 바쁘지만 자식에 대한 애정을 잃지 않았다거나 하는 얘기 말입니다. 가난하면 가난한 대로, 살 만하면 살 만한 대로 고군분투하는 우리들의 아·버·지! 글의 마무리는 '고맙습니다. 사랑합니다. 존경합니다' 정도가 됩니다. 글을 망치는 지름길이 예측 가능한 글을 쓰는 겁니다.

그런데 이런 글은 어떤가요?

나는 그를 한 번도 아버지라 부른 적이 없다.

어느 글쓰기 강연 때였습니다. 20분을 주고 '그'라는 소재로 글을 써보라 했습니다. 시간이 다 지날 무렵 서른 살 청년은 고통스러운 표정으로 저 한 문장을 써 내려갔습니다. 그러고는 더 이상 쓰지 않았습니다. 하지만 저 한 문장만으로도 완벽한 글이 됐습니다.

왜냐고요? 강력한 반전이 있으니까요. 미처 말하지 않은 빈 공간은 독자의 상상으로 채울 테니까요. '저 친구에게 무슨 일이 있었던 거지?' '지금은 어떻게 지내고 있을까?' 궁금한 게 많았지만, 아무것도 묻지 못했습니다. 반전의 크기에 차이가 있겠지만, 모든 글은 반전을 노려야 합니다. 반전이 없는 글은? 쓰지 않는 게 낫습니다.

반전은 다짜고짜 막무가내로 반대하고 뒤집는 게 아닙니다. 반전은 상대의 허를 찌르는 것입니다. 통념을 뒤집고 관습을 혁파합니다. 기존의 가치와 관점을 뒤바꾸는 겁니다. 확신을 연기하는 것입니다. 당연하다는 섣부른 판단을 미루는 겁니다. 움직일 수 없는 진리를 인정하지 않는 겁니다.

반전의 힘

반전은 어딘가에 이미 있는 게 아닙니다. 결행하는 데서 비로소 태어납니다. 이게 중요합니다. 반전은 원래 있다가 나타나는 게 아니라 없던 걸 '결행'하는 그 순간, 오직 그 순간에만 생깁니다. 그런데 이상하게 들리겠지만 여기서 '없던 것'이란 진짜로 없던 게 아닙니다. 어둠 속에 숨어 있어서 안 보일 뿐입니다. 그걸 글로 쓰는 순간 비로소 있던 게 됩니다. '우리 아버지는 어머니였다'라는 엉뚱한 말을 꺼내는 순간, 평소에 아버지에게 보이지 않았던 어머니(모성)가 나타납니다. 글이 갖는 오묘한 힘입니다.

이런 반전을 가로막는 게 도덕과 상식입니다. 도덕과 상식은 과거로부터 온 명령입니다. '이럴 땐 이래야 한다'고 미리 정해져 있으니까요. '부모가 돌아가셨을 때는 만사를 제쳐두고 슬퍼해야 한다. 어려운 사람을 보면 도와줘야 한다. 사람을 때려서는 안 된다.' 공중도덕도 마찬가지입니다. '버스 탈 때는 줄을 서야 한다. 거리에 침을 뱉지 말라. 학생은 공부를 해야 한다. 젊은이는 노약자석엔 앉지 말라. 우측 보행!' 어기면 비난받으니, 다른 생각이 피어오르면 화들짝 놀라 꾹꾹 내리눌러야 합니다. 생겼는데도 안 생긴 것처럼. 있는데도 없는 것처럼.

도덕은 지금 이 자리에서 실제로 벌어지는 일을 잊어버리게, 잃어버리게, 놓치게 합니다. 이 자리에 없는 것을 찾게 합니다. 반전은 지금 당장 벌어지는 사건이나 떠오른 생각을 가감 없이 긍정하는 데서 생깁니다. 게다가 반전의 묘미는 기존의 강력한 논리를 약한 논리로 만드는 데 있습니다. 좋은 글은 힘이 강한 관점을 뒤엎고 약한 관점에 힘을 불어넣습니다. 어떠한 의심도 받지 않던 생각에 의심을 초대하는 일입니다. 전복적 사유. 소수자되기.

예를 들어보죠. 모두가 주인의식을 갖자고 할 때 '주인의식을 갖지 말자'고 말하는 겁니다. 주인의식이 강한 사람은 자신이 쏟았던 땀과 노력에 대한 반대급부나 권리를 요구하는 경우가 많습니다. 이 세계의 주인은 내가 아닐지도 모른다는 겸손함이 환대의 공간을 만듭니다. '노조가 부패했다'는 대통령의 말에 기막혀서 '노조는 부패한 게 아니라 부족하다'라는 칼럼을 썼습니다. '부패'와 '부족'은 '부'로 시작한다는 것 빼고는 아무런 연결 지점이 없습니다. 하지만 '노조가 부패했다'는 강한 논리를 반박하고 '노조가 부족하다'는 약한 논리에 힘을 불어넣습니다.

강약이 뒤바뀐 말을 위해

반전을 모색하려면 진리(참/거짓)보다는 개연성에 기대는 게 좋습니다. 개연성에 기대는 것은 '그렇게 볼 수도 있지' '그런 일이 있을 수도 있지' 하는 마음으로 이 세상을 너그럽게 허용하는 자세입니다. 예측 가능함을 어길 때 반전이 만들어집니다. 맞는 말, 똑 떨어지는 말, 진리를 담은 말을 하려고 하지 않습니다. 새로운 말, 힘의 강약이 뒤바뀐 말을 하려고 합니다.

기존의 상식에 반하는 발견, 도덕을 거역하는 글이 좋은 글입니다. '나쁜 시만이 가슴에 남는다'고 한 김수영의 말처럼 '나쁜 글'만이 가슴에 남습니다. 나쁜 글을 쓰려면 글감에 들러붙어 있는 도덕과 상식이라는 나태한 먼지를 털어내야 합니다.

'어떻게 하면 독자의 허를 찌르지?' 반전, 글쓰기의 핵심입니다.

무엇이 글이 될 수 있는가

글 쓰면서 가장 먼저 고민되는 것이 '글감 찾기'입니다. 글감은 '소재'라고도 하죠. '옷감'은 옷을 지을 때 쓰는 천이고, '땔감'은 불을 피울 때 쓰는 나무이니, '글감'은 글을 쓸 때 쓰는 재료라고 할 수 있겠네요. 옷감과 땔감이 될 수 있는 건 어느 정도 제한이 됩니다. '옷'을 만들 수 있거나 '불'을 피울 수 있는 재료여야 합니다. 옷감으로 종이나 동물 가죽을 쓰는 경우도 있지만 뭐니 뭐니 해도 실로 짠 천(섬유)이 옷감이죠. 땔감도 나무를 비롯해 마른 잎이나 종이, 기름, 석탄처럼 불에 타는 것으로 제한될 겁니다. 흙이나 돌멩이가 땔감이 되긴 어렵습니다.

드러난 글감, 숨겨진 글감

그런데 글감에는 이런 제한이 없습니다. 흔히들 주변에 있는 모든 것이 글감이 될 수 있다고 합니다. 맞는 말입니다. 이 세상에서 '글감 자격이 없는 것'은 없습니다. 생명이 있거나 없거나, 이 세상에 존재하거나 존재하지 않거나, 사물은 물론이거니와 경험과 기억, 상상, 이야기도 좋은 글감이 됩니다. 모든 게 글감이니 아무거나 집어서 쓰면 되겠네요(이 글은 '글감'이 글감이네요).

그런데도 왜 우리는 글감을 찾지 못해 허덕거릴까요? 경험이 적어 그럴 수 있습니다. 제가 있는 학교에서는 1학년 신입생 모두에게 성찰적 글쓰기를 가르칩니다. 글쓰기 과제 중 하나가 '내 생애 최고의 순간'입니다. 이 주제의 글감으로 독보적인 1위를 차지하는 게 뭘 것 같은가요? 한국 교육이 병들어 있음을 확인하는 증표이기도 한데요, 바로 '대학 합격'입니다. 인생 최고의 순간이 컴퓨터 모니터에 '합격을 축하합니다'라는 메시지를 본 순간이라는 겁니다. 사활을 건 전쟁터 같은 학교에서는 다른 길이 없습니다. 사느냐 죽느냐, 이기느냐 지느냐 하는 약육강식의 세계인 거죠. 거기서 최고의 순간은 전쟁터(학교)에서 탈출해 대학에 골인하는 것입니다. 오직 대학에 가는 것이 유일한 최고의 순간입니다. 우정도, 사랑도, 여행도, 취미도, 작은 일탈에서 오는 기쁨도 아닙니다.

　글감으로 삼을 만한 경험이 적으면 아무래도 글쓰기가 쉽지 않을 겁니다. 어느 정도 다채로운 경험과 연륜이 쌓인 사람이라면 누구에게나 글감이 많습니다. 다만 무심히 지나쳤을 뿐이죠. 게다가 글을 쓰려 해도 글감을 다루는 기술이 부족한 경우가 많습니다. 글감의 표면만 핥기 때문입니다. 좋은 글감을 찾기 위해 글감을 두 가지로 나눠 생각해보겠습니다. '드러난 글감'과 '숨겨진 글감'.

　드러난 글감은 '표면적인 글감'이라고도 할 수 있습니다. 가장 선명하고 공통적이며 공식적으로 떠오르는 것들입니다. 이런 글감은 보통 일반적이고 보편적이라 쉽게 떠올릴 수 있습니다. 여행을 예로 들어보죠. 여행은 우리에게 많은 글감을 던져줍니다. 어디를 갔고 무엇을 보았고 무엇을 먹었는가 할 때, 그 각각의 장소와 볼거리, 음식이 다 글감 자격을 갖겠죠. 전남 여수에 갔다면 오동도의 동백꽃길, 돌산공원에서 보는 밤바다, 향일암에서 보는 일출이 있을 테고, 꼭 먹어봐야 하는 게장, 장어탕, 딸기 모찌 같은 것들도 있습니다. 드러난 글감은 여행에서 '꼭 가봐야 할 곳' '꼭 먹어봐야 할 음식' 같은 것이죠.

당신만이 기억하는 장면

숨겨진 글감은 '심층적인 글감'이라고도 할 수 있겠습니다. 드러난 글감이 멀리서도 선명하게 잘 보이는 깃발 같은 것이라면, 숨겨진 글감은 깃발과 깃발 사이에 있는 무엇입니다. 반짝이는 전구들 사이에 있는 흐릿하여 선명하지 않고 개별적이며 비공식적인 무엇입니다. 타인은 알 수 없고 예상도 못하는 것이라, 그저 '무엇'이라고밖에 달리 말할 방법이 없습니다. 게다가 그것은 '숨겨진' 무엇입니다. 능동의 '숨은'이 아니라, 피동의 '숨겨진'입니다. 글감이 스스로 숨은 게 아니라 우리 기억이 그것을 숨겨두었기 때문에 '숨겨진' 겁니다. 쉽게 떠오르지 않습니다. 애써 빛을 비추어 나오라고 하지 않으면 모습을 드러내지 않습니다.

무엇이 숨겨진 글감일까요? '예외적인 것'입니다. 남들이 보기엔 잊힌 것, 중요하지 않은 것, 나머지, 잉여의 것, 별것 아닌 것. 그런 게 숨겨진 글감입니다. 제 경험을 말해보겠습니다.

학교 일로 베트남에 열흘 정도 머문 적이 있습니다. 거기서 맹장이 터졌죠(어떻습니까. 이미 좋은 글감으로 보이죠?). 현지 병원은 시설도 열악하고 말도 안 통하니 절대 가지 말라고 하더군요. 한인병원에 갔더니 체한 것 같다며 약 처방을 해주었습니다. 약 먹으면 가라앉겠지 했지만, 새벽에 죽은 굼벵이처럼 몸을 웅크리고 바닥에 쓰러져 꼼짝을 못했습니다. 구급차를 타고 프랑스 국적의 국제병원으로 이송돼 응급수술을 받았습니다. 그 새벽에 의사 3명이 병원으로 달려와 '돈 워리, 돈 워리' 하며 수술해주더군요. 사흘 뒤 퇴원했습니다. 수술비는 350만 원.

제가 이 일을 글로 쓴다면 어떤 '글감'을 택했을까요? 맹장이 터졌을 때의 고통과 위급함? 베트남 의료체계의 문제점? 엄청나게 비싼 수술비? 저는 앞에서 언급하지 않은 얘기를 쓸 겁니다. 앞에서 말한 내용은 제가 누군가와 앉아 "옛날에 어떤 일이 있었냐면" 하면서 수다를 떨 때나 할 얘기입니다. "프랑스에서 지갑을 소매치기당했다고? 나는 베트남에서 맹장 수술을 한 사람이야!"라는 식 말입니다. 이럴 때는 목소리도 올라가고 '10분만 늦었어도 큰일 날 뻔했다'는 식의 허풍도 섞어가면서 얘기했을 겁니다. 이런 게 드러난 글감입니다. '주요 사건 일지' 같은 것이죠.

하지만 높은 봉우리 사이의 골짜기처럼 숨겨진 글감이 있습니다. 며칠 동안 저를 돌봐주던 베트남인 남자 간호사입니다. 그는 저에게 한국에 가서 사는 게 꿈이고, 그 꿈을 이루려 기회를 엿보고 있다고 했습니다. 한국이 어떤지 자주 물었습니다. 그에게 한국은 이상 사회였습니다. "당신이 꿈꾸는 그런 한국은 없어요"라고 말해주고 싶었지만, 그에겐 '그런 한국'이 있을

지도 모르겠더군요. "그렇게 되면 좋겠네요"라 말하고 이메일 주소와 휴대전화 번호를 적어주었습니다. 제가 이 일을 글로 쓴다면, 헤어지면서 어깨동무하고 한국에서 꼭 다시 만나자고 했던 그 친구에 대해 쓸 것 같습니다.

예외적이기 때문일 겁니다. 환자와 간호사라는 정해진 관계가 아니라, '코리안드림'을 가진 베트남 청년 간호사와 불평등한 한국 사회가 마음에 들지 않은 한국 선생의 짧은 만남이었으니까요. 깨끗하고 친절하며 첨단시설의 병원에서 일하면서도 조국을 하루빨리 떠나고 싶어하는 청년. 그 청년의 얼굴 위로, 사장으로 보이는 옆 병상의 중년 남성에게 이른 아침마다 다소곳이 신문을 가져다주는 여비서의 얼굴과 베트남 골목골목에서 만났던 베트남 민중의 고단한 삶이 겹쳐 보였습니다.

글감이 '나'와 맺은 관계

그렇다면 '숨겨진' 글감은 글 쓰는 사람의 생각과 맞닿아 있다고 할 수 있습니다. 주제와 글감은 서로에게 기대고 있습니다. 글감이 따로 있고 주제가 따로 있는 건 아닙니다. 동시적입니다. 글감 안에 주제가 말하고, 주제 안에서 글감이 제 빛을 냅니다. 다음은 제가 쓴 글입니다. 읽어보시죠.

이틀을 앓았다. "싸게 타시랑게." 극구 괜찮다고 하는데도, 장 보러 읍내 나가는 김에 원기 회복이나 하고 오자며 공양간 지킴이 두 분이 기력 없는 나를 차에 밀어 넣었다. 해남 읍내의 연포탕집은 소박하고 단정했다. 바지락 몇 알에 무와 배추로 우린 국물은 맑고 얌전했다. 파란 미나리는 날렵한 향기를 품고 있었고 낙지는 엄지손가락만 하게 살이 올랐다. 동상 걸린 살갗처럼 쉽게 터져 흰 살이 여리게 씹혔다.

　둘째를 낳다가 양수색전증으로 죽은 누이 때문에 3년을 무기력하게 지냈다. 생활은 강바닥에 가라앉은 구두 같았다. 모든 게 부질없고 무의미했다. 그러다 이곳 낯선 절간으로 왔다. 묵언수행. 사연을 말하지 않아도 된다. 연락할 데도 연락 올 데도 없다. 눈을 뜬 듯 감은 듯 망연히 앉아 망상을 밀어내기만 하면 된다.

　며칠 지나니 아랫마을에서 대보름맞이 잔치를 크게 하는데 절집 식구들도 초대했다며 같이 가겠냐고 한다. 좌선에 지친 수행자들은 콧바람도 쐴 겸 남도 음식 맛도 볼 겸 옳다구나 하며 따라나선다. 나는 남겠다고 했다. 절간처럼 조용해진 절간에 앉아 누이 생각만 하다가 감기가 들었다. 아무것도 삼킬 수 없었고 오한이 밀려왔다. 솜이불을 뒤집어쓰고 끓는 온돌방에 누워 땀을 쏟아도 이가 떨렸다.

　이렇게 연포탕 앞에 앉아 한입, 탱탱하게 씹히는 낙지 다리를 씹는다. 입속에 들어온 낙지는 머릿속에 있던 누이를 밀어낸다. '지나간 거야. 너도 지나가고 있는 거고.' 매 순간 생각은 생기고 머물다가 사라진다. 생은 오늘도 지나가되, 마음에 흔적과 기억으로 남는다. 퇴적층처럼 쌓인 흙더미를 뒤집을 수는 없다. 누이를 기억하는 나는 지나가고 연포탕을 맛있게 먹는 나로 살아간다. 나를 연포탕 앞에 앉힌 사람은 누이이기도 하고, 누이를 놓아주지 못한 나이기도 하고, 맞은편에 앉아 있는 절집 식구들이기도 하다. 그 모든 거라고 생각하니 그제야 나란 존재는 그저 나와 연결된 모든 것일 뿐이란 생각이 들었다. 삶이 죽음이 인연이 헤어짐이 뭔지 아무리 가부좌를 틀고 찾아 헤매도 답을 찾을 수 없던데, 내 입에 앳되게 씹히는 연포탕이 나를 지금 현재로 데려왔다. 연포탕이 수행이다.

여행 가서 연포탕을 먹었다면 그건 십중팔구 드러난 글감이 되기 쉽습니다. 맛있게 먹은 기억으로요. 단기 출가로 절에 갔는데 아픈 몸으로 먹은 연포탕은 숨겨진 글감일 수 있습니다. 같은 연포탕인데도 말입니다. 둘의 차이는 글감이 '나'와 맺은 관계에서 생깁니다. 여기서 '나'는 내 '생각'입니다. 고유한 경험에서 솟아난 나만의 생각입니다. 나만의 생각을 담는 재료일 때 그게 진짜 글감이 됩니다. 글 한 편에는 '작가가 이 세상에 내놓을 단 하나의 새로운 생각'이 있어야 합니다. 그 단 하나의 새로운 생각과 맞닿은 글감이 숨겨진 글감이고 심층적인 글감입니다.

단 하나의 새로운 생각

그렇다면 숨겨진 글감 찾기는 하나의 '생각'을 찾는 것과 같은 말이 되겠네요. 저는 매주 칼럼을 쓰면서도 이게 잘되지 않아 고생합니다. 얼마 전에는 '눈目'을 글감으로 삼아 글을 썼습니다. 다른 언어에 비해 한국어는 '도끼눈, 실눈'처럼 '눈'을 다른 말에 비유한 단어가 꽤 많다는 얘기를 하려고 했죠. 그런데 써놓은 글이 영 마음에 들지 않았습니다. 비유적으로 쓰인 단어를 사전에서 다 찾다 보니 그 목록의 무게에 눌렸기 때문입니다. 단어를 찾는 일은 '눈'이 들어간 표제어를 모두 뽑은 다음에 '함박눈'처럼 동음어를 지우고, '저울눈'이나 '씨눈' 같은 말도 다 지우는 작업입니다. 10여 개 되는 목록을 손에 넣긴 했는데, 이걸 독자에게 어떻게 요리해서 내놓을지 길이 보이지 않았습니다. 이렇게 시간을 들여 찾았는데, 이것을 글에 어떻게 녹여낼지 막막했습니다. 이리 주물럭 저리 주물럭거려 봤지만 잘 안 되더군요. 뭔가가 빠져 있었습니다. '무슨 말을 하고 싶은 거지?' '나만이 할 수 있는 말이 아닌 거 같은데?' '지금은 약간의 지식만 전달하는 느낌?'

그래서 글을 뒤집어엎었습니다. '그래 내 눈이야. 동태를 닮은 내 눈. 동태눈!' 제목을 '동태눈'이라 붙이고, 동태눈을 가진 사람은 마음도 탁한지 묻는 방향으로 바꾸었습니다. 그리고 나니 글이 '내 글' 같아지더군요.

　나는 속설을 잘 믿지 않는다. '눈이 크면 겁이 많다'고? 보이는 게 많아 주변 눈치를 살펴야 해서 그렇다나 어쨌다나. 하지만 나는 눈이 단춧구멍보다 작은데도 겁이 겁나게 많다.
　나는 속설을 잘 믿는다. '눈은 마음의 창'! 눈에 마음이 담기고 드러나니 저런 얘기가 나왔겠지. 그래서 거울 속 내 눈을 본다. 동태눈. 눈동자는 선명하지 않고 흰자위는 탁한데다가 군데군데 실핏줄이 터졌고 회백색 멍울이 박혀 있어 영 마음에 들지 않는다. 마음이 탁해 동태눈이 되었는가, 동태눈이라 마음도 이리 탁한가 묻는다. 그래도 '동태눈'이란 말은 정겹다. 명태를 말리지도 않고 얼린, 동태라니. 그 눈을 닮았다니.
　한국어에는 눈매를 다른 사물이나 동물에 비유한 낱말이 풍부하다. '동태눈'을 비롯하여 눈의 모양이나 상태를 나타내는 낱말로 '거적눈, 방울눈, 뱀눈, 뱁새눈, 샛별눈, 좁쌀눈'이 있다. 이런 눈은 타고난 거라 어쩔 수 없지만, 상황이나 기분에 따라 시시때때로 달리 뜰 수 있는 눈도 있다. 당신도 앉은자리에서 '도끼눈'을 떴다가 '실눈'을 뜰 수 있고, 순식간에 '송곳눈'으로 바꿔 뜰 수 있다. 눈으로 할 수 있는 동작도 여럿이다. 우리는 수시로 눈을 내리뜨고, 치켜뜨고, 부라리고, 희번덕거리고, 흘긴다. 가끔 뭔가에 눈이 '뒤집히'기도 한다.
　눈은 한 사람이 가진 재능을 나타내기도 한다. 글을 많이 읽다 보면 어느 순간 '글눈'을 뜰 수 있다. '길눈'이 밝은 사람도 있고, '밤눈'이 어두운 사람도 있다. 눈이 얼마나 중요했으면, 사리 분별을 잘하는 사람을 '눈 밝은 사람'이라고 했을까.

동태눈을 가진 사람은 마음도 탁한지, 마음은 맑고 청정한지 증명하기 위해 생을 건 실험을 해야겠군. 동태눈을 가진 자의 운명이로세.

- 김진해, 〈동태눈〉, 《한겨레》, 2024년 2월 29일.

글감은 어디든 있지만 '글감 찾기'는 어렵습니다. '내 생각이 무엇이냐?' 하고 스스로 다그치고 윽박지르지 않으면 찾을 수 없습니다. 쉽게 찾은 글감, 표면에 드러난 글감 뒤에 웅크리고 있는 진짜 글감, 내 생각과 밀착된 글감을 찾아야 합니다. 깊게 생각하지 않고서는 잘 찾지 못합니다. 이 세상에 내놓을 단 하나의 새로운 생각을 담는 글감이 쉽게 찾아질 리 없습니다. 깃발과 깃발 사이, 불빛과 불빛 사이를 봐야 합니다. 곱씹고 거듭 곱씹어야 합니다. 유일한 삶을 살고, 유일한 이야기를 할 사람은 바로 나이므로, 곱씹을 가치가 있습니다.

주제는 선명하지 않을수록 좋다

l

"가르치려 들지 마."

시시콜콜 뭘 자꾸 가르치려 드는 사람을 만나면 심사가 뒤틀립니다. 틀린 말이 하나도 없지만 배알이 꼬입니다. 저 또한 나도 모르게 남을 가르치려는 버릇을 쉽게 버리지 못합니다. 밥맛이죠. 어떤 상황을 맞닥뜨리면 있는 그대로 받아들이기보다는, 상황을 정리하고 그 안에서 어떻게든 질서를 찾으려 하고 의미를 부여하려 하죠. '이건 이런 거니까 이렇게 하고, 저건 저런 거니까 저렇게 해.'

가르치려 드는 말을 듣기 싫어하면서도, 정작 자신이 글을 쓸 때면 정색하고 뭔가를 가르쳐야 한다고 생각합니다. 가르치지 않으면 글이 아니라는 듯이. 하기야 국어 시간에 글을 읽으면 곧바로 '이 글의 주제는?' 하고 물었으니까요.

가라앉은 무언가를 건드리는

주제는 보여주지 않을수록 좋습니다. 선명하게 보이지 않을수록 좋습니다. 그렇게 할 때 내가 제시하는 사건이나 대상이 스스로 소리치고 글을 읽는 사람이 자유롭게 주제를 찾아나서게 됩니다. 그동안 '주제가 제일 중요하다'는 말을 들어왔을 텐데, 이게 뭔 소린가 하시겠네요. 예를 몇 개 들면서 풀어가 보죠. 아래 박준 시인의 시 〈연년생〉을 한번 읽어봅시다.

아랫집 아주머니가 병원으로 실려 갈 때마다 형 지훈이는 어머니, 어머니 하며 울고 동생 지호는 엄마, 엄마 하고 운다 그런데 그날은 형 지훈이가 엄마, 엄마 울었고 지호는 옆에서 형아, 형아 하고 울었다

- 박준, 〈연년생〉, 《우리가 함께 장마를 볼 수도 있겠습니다》, 문학과지성사, 2018년.

저한테 좋은 글은 장면 하나를 보여주는 겁니다. 병원에 실려 가는 어머니를 보면서 연년생 형제가 내뱉는 호칭이 달라지는 장면입니다. 이 글(시)의 주제가 곧바로 떠오르나요?

작가는 이 글에서 주제를 직접 말하지 않습니다. 자신이 목격한 장면을 무덤덤하게 기록할 뿐입니다. 이웃이라 아랫집에서 들려오는 소리를 가끔 들었겠죠. 그 집 아주머니를 형은 '어머니'라 부르고 동생은 '엄마'라고 불렀나 봅니다. '어머니'와 '엄마'의 차이가 느껴지죠? 연년생이지만, 형은 맏이의 의젓함을, 동생은 막내의 어리광을 잃지 않고 있었을 겁니다. 그런데 '그날'은 달라집니다. 형은 '어머니'를 '엄마'로 부릅니다. 맏이의 의젓한 풍모는 온데간데없고 어린아이로 바뀝니다. 동생도 엄마가 생사의 갈림길 앞에 섰음을 알아차렸을까요. 이때 외치는 '형'은 한 살밖에 많지 않은 형을 향한 전적인 의탁 같은 거겠죠. 감당할 수 없는 상황에 처하면 우리는 어린애가 됩니다. 여기서 '엄마'라는 말은 호칭이라기보다는 울부짖음에 가깝죠. '형아'라는 말도 앞으로 닥칠 일에 대한 두려움이자 막막함이 담긴 외침일 겁니다. "형, 우리 이제 어떻게 해야 해."

  주제는 그런 거 같아요. 우리는 주제를 '독자에게 전하고 싶은, 한 문장으로 요약할 수 있는 선명한 메시지'로 생각하는데, 도리어 글을 읽는 사람의 밑바닥 어딘가에 가라앉아 있는 것을 깨워 일으켜 세우는 무언가가 아닐까요? 주제는 독자가 스스로 찾아야 합니다. 눈알만 굴리는 게 아니라, 먼지 쌓인 창고에 발을 디딜 때처럼 마음속에 가라앉아 있는 것이 일렁거리며 솟아나게 해야 합니다.

주제와 숨바꼭질하기

그가 깨어났을 때, 공룡이 여전히 거기에 있었다.

(Cuando despertó, el dinosaurio todavía estaba allí.)

또 다른 예를 보시죠. 이 문장(?)은 아우구스토 몬테로소라는 작가가 쓴 세계에서 가장 짧은 소설 〈그 공룡〉의 전문입니다. 어떤가요? 소설 같나요? 저기에는 짧고 건조한 사건만 있습니다. 주인공이 잠에서 깨어났고 그 순간까지도 공룡이 곁에 있었다네요. 그렇다면 공룡은 그가 잠든 사이에도 있었겠죠. 아니 언제부터인지 모르지만 그 전부터 그의 곁에 있었을 겁니다. 그를 지켜주려 했는지, 잡아먹으려 했는지, 일어나면 같이 놀려고 했는지는 모릅니다. 머릿속에 다양한 상상이 무한히 이어지게 됩니다. 이 소설이 얼마나 재미있었는지 여러 화가가 이 소설을 그림으로 그렸습니다. 두 가지만 보자면 다음과 같습니다. 느낌이 서로 다르죠.

한 일러스트레이터가 그린 아우구스토 몬테로소 소설의 장면.

만화가 포(Fo)가 몬테로소를 추모하며 그린 만화 갈무리.

《시인의 사물들》이란 책이 있습니다. 시인 52명이 사물 52개에 대해 쓴 산문집입니다. 함민복 시인은 '시계'에 대한 단상을 짧은 연작 형식으로 썼는데요, 그 한 대목을 보시죠.

아버지가 돌아가실 것 같아 형에게 연락을 취했다. 아랫목에 누운 아버지가 두 번 시간을 물었다. 형이 왜 안 오느냐고 했다. 목이 마르다고 해 전기밥솥을 열고 데운 베지밀 병을 꺼내 따르렸다. 힘들게 앉은 아버지가 베지밀 병을 내려놓고 시계 반대 방향으로 쓰러졌다. 아버지가 좌탈입멸하고 십 분쯤 지난 후 형이 왔고 이상하게도 시계가 멈춰 있었다. 그 후 오년간 베지밀을 먹지 않았고 지금도 시계가 멈추면 불길한 생각이 앞선다.

- 함민복, 〈시계〉, 《시인의 사물들》, 한겨레출판, 2014년, 218쪽.

이제 감이 좀 잡히시나요? 아버지가 그립다거나 형이 원망스러웠다거나 하는 말을 하지 않습니다. 벌어진 일에서 딱 멈춥니다. 주제는 숨바꼭질 같아야 합니다. 꼭꼭 숨어라. 머리카락 보일라.

내 진실에 다가가기 위하여

글 쓰는 목적을 '순수하게' 가지기 바랍니다. 자랑과 연민, 이 두 가지 감정을 분출하는 걸 글 쓰는 목적으로 삼지 않아야 합니다. 내 진실에 다가가기. 내 이야기를 진솔하고 담백하게 쓰기. 글을 쓰는 것은 글을 써서 내가 다른 뭔가가 되려는 게 아니라, 남이 아닌 자기 자신이 되려고 쓰는 것입니다.

아주 좋은 예가 있습니다. 저는 학교에서 '기록하는 인간:

호모 비블로스'라는 제목으로 대상 하나를 정해 꾸준히 관찰하면서 A4용지 60장 분량의 글을 쓰고 제대로 편집도 해서 출판까지 해야 하는 '빡센' 과목을 진행하고 있습니다. 3년 전 수강했다가 F학점을 받은 학생이 지난 학기에 다시 도전했습니다. 그런데 이번에도 두 달이 지나도록 주제를 잡지 못했습니다. 처음에는 엄마를 관찰하겠다고 했다가, 어떤 언니를 하겠다고 하다가는, 결국 자기 자신을 관찰해 쓰겠다고 했습니다. 그럴 수도 있겠다 싶어 그러라고 했습니다.

그 학생이 주제를 못 잡았던 이유는 다름 아닌 용기 때문이었습니다. 가난을 직시할 용기. 그 학생은 아홉 살부터 스물세 살까지 반지하 월세방 한곳에서만 살았습니다. 지난여름이 돼서야 임대주택에 당첨돼 지상으로 올라왔더군요. 지긋지긋한 가난이 자신을 어떻게 쪼그라들게 하고, 숨 쉬는 것보다 얼마나 더 자주 부끄러움이란 감정을 느끼는지, 돈 때문에 친구와 애인마저 사귀지 않게 됐는지, 가난을 숨기기 위해 얼마나 많은 거짓말을 하게 됐는지, 이혼한 엄마와 둘이 살면서 어떻게 생활비를 직접 버는지, 수입이 일정하지 않은 엄마 때문에 자기 이름으로 대출받고 그걸 갚기 위해 또 얼마나 많은 밤과 주말을 알바로 소진했는지를 글로 쓸 용기를 내기 어려웠을 겁니다. 그러나 그는 기어코 그걸 해내더군요.

한 대목을 인용해보겠습니다.

남자친구는 항상 나를 집에 데려다줬다. 처음엔 엄마, 아빠가 동네 산책을 자주 한다고 거짓말을 하며 큰길에서 헤어지자고 했다. 가까워질수록 집을 숨기기가 어려웠다. 늦은 시간엔 여자친구 혼자 깜깜한 골목길을 가게 할 수 없었는지 오빠는 집 앞까지 데려다주겠다고 했다. 그걸 어떻게 거절할 수 있을까. 우리 빌라를 오빠에게 보여주었다. "어디가 너네 집이야?" 올 것이 왔구나. 대충 불이 켜져 있는 4층 베란다를 가리켰다. 또 거짓말을 하게 된 것이다. 그 후로 오빠가 집에 데려다줄 때는 4층까지 올라가는 척했다. 계단 중간중간에 창문이 있어서 오빠는 올라가는 내 모습을 끝까지 바라봐주었다. 4층 창문에서 환하게 손을 흔들며 얼른 가라고 손짓했다. 진심으로 얼른 갔으면 했다. 창문에서 보이지 않는 계단에 털썩 주저앉아서 센서 등이 꺼지길 기다렸다, 집으로 들어간 척을 하며. 남의 집 복도에서 그러고 있는 내 모습이 너무 초라했다. (중략) 데이트 비용이 부담되면서도 아닌 척하며 잘 놀러다녔지만, 속으로는 돈 걱정뿐이었다. 어느 순간부터 만남이 기다려지지 않았고 이유를 말하지 못한 채 헤어졌다.

저는 난생처음 학생의 글을 읽다가 연구실에서 펑펑 울었습니다. '보이지 않는 계단에 주저앉아 센서 등이 꺼지길 기다렸다'는 말 앞에서요. 웅크려 어둠을 기다리는 청년의 어깨가 보여서요.

이 학생의 글이 가진 장점은 자기 연민에 빠져 징징대지 않는다는 것입니다. 자기 연민에 빠져 글을 쓰는 사람은 언젠가는 자기 과시욕을 참을 수 없는 글을 쓰고 있을지도 모릅니다. 그는 그저 자신의 가난을 말할 용기를 냈을 뿐입니다. 그러곤 멋 부리지 않고 말하듯이 써 내려갔습니다. 이 글의 주제가 떠오르나요? 글쓴이는 말하지 않지만, 우리는 이 글의 주제를 떠올립니다. 그는 주제를 직접 말하지 않고, 자신이 겪은 이야기(서사)를 말할 뿐입니다. 그 이야기가 진솔하기만 하다면, 그 이야기가 무엇을 말하는지는 말하지 않아도 알 수 있습니다.

'가난을 이겨내자'라거나 '가난해도 행복하다' '가난이 주는 비참함' 따위의 말을 하지 않습니다. 자신의 가난을 미화하거나 어떠한 윤리적 메시지로 뒤바꾸지 않습니다. 삶은 윤리로 간단하게 치환할 수 없이 복잡하고 오묘합니다. 그 구차함을, 불가항력을, 창문 아래로 몸을 숙이는 몸짓을 보여줄 뿐입니다. 그렇게 쓰고 그는 남이 아닌 자기 자신이 되었을 겁니다. 그러면 독자도 움직입니다. 이 글을 읽고 '가난이란 뭔가, 가난이 우리를 어떻게 만드는가, 어떻게 해야 하는가' 따위의 윤리적 상상을 스스로 하게 됩니다.

저를 응원해주시는 시인 한 분이 이런 말씀을 하더군요. "너무 잘 쓰려고 하지 마." 잘 쓰려고 함은 글에 힘준다는 건데, 그러면 반드시 '완력'을 쓰게 됩니다. 완력腕力은 '팔뚝 힘'입니다. 한 편의 글로 뭔가 획기적이고 남들은 전혀 생각지도 못한 기발한 얘기를 하겠다는 완력은 가짜 힘이고 금방 들통나는 힘입니다. 주제를 드러내놓고 강요하는 겁니다. 무술에서도 자기 의도를 상대가 알아채지 못하게 해야 한다고 가르칩니다.

물론, 어떻게 주제를 생각하지 않고 글을 쓸 수 있겠습니까? 하지만 설불리 주제를 발설하기보다는 비닐에 싼 김치처럼 주제의 냄새가 스멀스멀 배어 나오게 하면 좋겠습니다. 그러려면 주제보다는 내가 다루는 글감에 한 발 더 다가가 남과 다르게 보겠다는 강박을 가져야 합니다.

✥ ✥ ✥
글감을 잘 풀어내기 위하여

1부에서는 '좋은 글쓰기'란 어떤 글쓰기인지 함께 이야기를 나눠보고 주제와 글감을 잡는 다양한 접근법을 이야기해보았습니다. 주제와 글감을 잡는 데 성공했다면 여기서 더 나아가 아래 두 가지를 염두에 두면 좋습니다.

글의 시작은 담백하게

글을 시작할 때, 그 글을 쓰게 된 경위나 글감을 택하는 과정을 설명하는 경우가 많습니다. 이를테면, '분한 일'에 대한 글을 쓰려고 할 때 '분한 일이 뭐가 있었는지' 생각만 하면 되지, 그 과정까지 글에 쓰면 안 됩니다. 여러분 머릿속의 고민은 독자의 관심사가 아닙니다. '점심 뭐 먹었어?'라고 묻는데, '점심 메뉴를 고르려고 이런 고민을 했어'라는 말을 늘어놓으면 상대가 답답해지겠죠? 담백하게 바로 시작하세요.

글쓴이는 연극으로 치면 주인공 배우입니다. 연출도, 조명도, 무대 담당도 아닙니다. 고생하는 스태프가 짠해서 조명 설치하는 일도 도와주고 음향 상태 체크도 해주다 보면 연극이 망합니다. 연기에 집중! 써야 할 글감이나 주제가 떠올랐으면 그 얘기만 하세요. 무대 설치하고 배경 설명하느라 시간을 허비하지 마시고요. 시작할 때 시작하면 글이 훨씬 힘차고 박동감이 넘칠 겁니다.

참고로, 권정생 선생의 시 〈인간성에 대한 반성문2〉는 '시작할 때 시작하는' 걸 잘 보여주는 글입니다.

도모꼬는 아홉 살/ 나는 여덟 살/ 이 학년인 도모꼬가/ 일 학년인 나한테/ 숙제를 해달라고 자주 찾아왔다.// 어느 날, 윗집 할머니가 웃으시면서/ 도모꼬는 나중에 정생이한테/ 시집가면 되겠네/ 했다.// 앞집 옆집 이웃 아주머니들이 모두 쳐다보는 데서/ 도모꼬가 말했다./ 정생이는 얼굴이 못생겨 싫어요!// 오십 년이 지난 지금도/ 도모꼬 생각만 나면/ 이가 갈린다.

글감에 윤리적 주제를 덧씌우는 것을 경계하자

언젠가 '흉터'라는 주제를 주고 글을 받아본 적이 있습니다. 흉터는 두고두고 한 사람을 들었다 놨다 합니다. 오만가지 생각을 하게 되죠. 사연에 따라 후회나 의문, 억울함, 아쉬움과 같은 마음이 일렁거립니다.

헤어질 때마다 비가 와서 비 오는 날 자체가 흉터인 글, 아이를 제왕절개로 낳아 생긴 수술 자국에 관한 글, 자전거 타는 모습을 아빠에게 보여주려다 보기 좋게 넘어져 생긴 흉터에 대한 글…. 흉터와 얽힌 사람 얘기가 많았습니다. 흉터는 결국 사람을 불러옵니다. 당연한 일이죠. 그런데 제가 약간 정색하고 말씀드리자면, 자기 이야기를 윤리로 치환하지 말기 바랍니다. 윤리는 보편성을 추구하기 때문입니다. 여러분도 글 마지막에 '그 시절이 그립다' '서로를 위로하며 마음이 따뜻해진다' '그리움이 되었다' 같은 말을 '참아'보세요. 다친 자식을 바라보는 부모의 마음을 글로 담으려 하지 마세요. 글이 진부해집니다. 그 마음을 몰라서가 아닙니다. 그 보편타당한 얘기를 굳이 글로 쓰지 마시라는 겁니다.

글은 보편성을 추구하지 않습니다. 우리가 글을 쓰는 이유는 우리의 삶과 경험이 갖는 유일성 때문입니다. 유일성을 옹호하기 위해서입니다. 그런데 윤리는 우리 경험의 유일성을 마치 거기서 거기인 걸로 만들어버립니다. 저는 '어머니의 사랑'에 대해선 모릅니다. 제 어머니 '이의기의 사랑'에 대해서만 압니다. 그것만 쓰면 됩니다.

2부 좋은 글은 어떻게 구성될까요

더하기와 빼기의 미학

저희 집 마당 한편에는 텃밭에서 나오는 잡초와 낙엽, 음식물을 모아 거름을 만드는 퇴비간이 있습니다. 몇 해 전에 만들었습니다. 돈 쓰는 걸 아까워하는 좀팽이인지라, 주변에서 재료를 주워다가 만들었습니다. 공사장에서 얻어온 팰릿(팔레트)과 각목, 산에서 주워온 굵은 나뭇가지, 무료 나눔으로 얻어온 방부목재 쪼가리, 열매를 맺지 못해 잘라버린 감나무와 자두나무 줄기 따위입니다.

목표는 담벼락에 기댄 직사각형 퇴비간. 담벼락이 있으니 세 면을 허리춤 높이로 오게 하는 것. 가운데를 두 쪽으로 나누되 한쪽은 오래 묵은 것을 모아두도록 넓게, 다른 쪽은 바로바로 버릴 수 있도록 좁게. 굵고 긴 나무는 귀퉁이에, 가늘고 짧은 나무는 가운데에. 너무 길면 톱질이요, 너무 짧으면 못질로 이어 붙입니다. 아래는 좀 못난 것들로, 위는 반질반질한 것들로. 이렇게 퇴비간 하나 만드는 데도 하루 종일 걸립니다. 머릿속에는 네모반듯한 모양이지만, 실제로는 울뚝불뚝해집니다. 하지만 지금도 튼튼하게 잘 버티며 거름을 만들고 있습니다. 지나가는 사람이 보면, 별것 아닌 일로 세월을 허송하는군, 할 겁니다(훙, '동이 트기 전에 나무를 패고 물을 길어라. 동이 튼 다음에도 나무를 패고 물을 길어라'라는 말이 있다고요!).

구성, 글감을 배치하는 기술

'작가는 어떻게 글을 쓸까?' 글을 잘 쓰고 싶어 하는 사람이 가장 궁금해하는 질문입니다. 제가 알기로 많은 작가가 글을 쓰기 전에 온갖 난리블루스를 춥니다. (글은 안 쓰고) 책만 읽고, (마찬가지로 안 쓰고) 잠만 자고, (안 쓰고) 청소만 하고, (안 쓰고) 누워만 있습니다. 괜히 '앓는 소리'를 하는 게 아닙니다. 이 난리블루스를 추는 이유는 대부분 '구성' 때문입니다. '어떤 모양의 퇴비간을 만들까?'를 구상하듯이, 어떤 흐름의 글을 쓸지가 그려지지 않아 빈둥거립니다. 글쓰기는 규격에 맞게 자른 목재와 나사 뭉치를 택배상자에서 꺼내 제자리에 갖다 끼우면 되는 조립식 책장 만들기가 아닙니다. 전혀 다른 모양과 재질의 글감을 이리저리 손재주를 부려 하나의 물건으로 탈바꿈하는 일입니다.

여기서 구성이란 글감을 배치하는 일입니다. 이 말을 잘 새겨두길 바랍니다. 구성은 '서론-본론-결론'이라거나, '기-승-전-결' '발단-전개-위기-절정-결말'과 같이 논리적으로 정해진 틀을 따라가는 게 아닙니다.

설령 결과가 이와 비슷하게 나오더라도, 구성은 손에 잡힌 '글감'에서 출발합니다. (앞에서 좋은 글감 찾는 법을 함께 이야기했었죠?) 글감은 '지금 당장' 내 손안에 잡힌 것들입니다. 구성은 내 손안에 잡힌 글감을 배치하는 기술입니다.

구성은 주제만큼 중요합니다. 아니, 주제보다 더 중요합니다. 우리가 글을 읽는 것도 한 문장으로 요약되는 주제 때문이 아니라, 문장과 문장이 이어지고 작은 에피소드끼리 맞물려서 좀더 큰 이야기에 합류하는 흐름, 그 흐름을 따라가며 시간을 보내는 그 자체를 즐기기 위해서입니다.

구성은 지금 당장 부엌에 있는 식재료만으로 요리를 해야 하는 상황과 비슷합니다. 어디 가서 뭘 더 사올 수 없습니다(글을 쓰다 보면 불쑥 떠오르는 글감이 있긴 하지만, 그걸 믿고 마냥 기다릴 수는 없습니다). 라면밖에 없는데, 그걸로 콩나물국을 끓일 수는 없습니다. 저처럼 생각도 얕고 경험도 시시껄렁한 사람에게는 식재료가 많지 않습니다. 제가 쓴 글은 라면 한 그릇 수준입니다. 어쩔 수 없습니다. 그걸로 라면을 끓여야 합니다. 대신 부엌 여기저기를 뒤져봅니다. 다행이네요, 대파 한 줄기와 양파 1개가 있습니다. 와우, 달걀도 한 알 있군요.

정말 라면 한 봉지밖에 없다면 간단합니다. '① 물을 끓인다. ② 라면과 분말수프를 넣고 끓인다. 끝.' 하지만 대파, 양파, 달걀이 있다면 달라집니다. 순서를 달리할 수 있습니다. 식성에 따라 '물 → 양파 → 라면과 분말수프 → 대파 → 달걀' 순서가 될 수도, '물·양파·대파·분말수프 → 라면 → 달걀' 순서가 될 수도 있습니다. 있는 것을 빼는 것도 배치입니다. 양파나 달걀을 넣지 않을 수도 있으니까요.

어떻게 윤곽을 살필 것인가

글을 쓰기 전이든, 글을 다 쓴 다음이든, 글이 구조적으로 어떤 윤곽을 갖는지 스스로 살펴봐야 합니다. 분량이 긴 책이나 논문을 쓰는 게 아니라면 둘 중 무엇을 택해도 크게 문제가 되지 않습니다. 다만 어느 단계에서든 반드시 내 글의 구성이 어떤지 살펴봐야 합니다. 어떤 흐름을 갖고 있는지, 그 흐름이 자연스러운지, 다음 이야기가 궁금해지도록 배치했는지.

두 가지의 예로 얘기해보겠습니다.

제 경험부터 말씀드리죠. 제가 매주 쓰는 칼럼은 글자 수가 800자 이내이며, 주제는 말과 글로 제한됐습니다. 길게 쓸 수도, 다른 주제를 쓸 수도 없습니다. '형용모순'이라는 제목의 첫 칼럼이 실린 날짜가 2019년 5월 27일이었습니다. 공교롭게도 5·18 광주민주화운동이 공수부대에 의해 진압된 날과 겹쳤죠. '광주'를 주제로 쓰겠다고 마음먹었습니다. 그때 떠오른 단어가 '시민군'이었습니다. 이 단어를 곱씹다 보니 서글퍼지더군요. '시민+군'. 시민을 지키는 군인이 아니라, 시민이면서 군인인 시민군. 어울리지 않는 결합이었습니다.

그러곤 이것저것 글감을 찾았습니다. '형용모순'이라는 수사법이 떠올랐습니다. 형용모순이라는 시각에서 시민군을 써봐야겠다고 정했습니다. 글감을 더 찾았습니다. 하나는 형용모순의 정의와 그런 표현이 왜 필요한지에 대한 설명이었습니다. '눈뜬장님, 다시마 육수'처럼 주변에서 익숙한 예를 찾아 모으기도 했습니다. 무게감을 주기 위해 종교 영역에서 쓰이는 예도 찾아봤습니다.

자, 이제 도마 위에 재료'들'(글감)이 올라와 있습니다. '시민군, 형용모순의 정의, 형용모순의 쓸모, 일상어에 쓰인 예, 종교에서 쓰인 예'. 이걸로 요리해야 합니다. 제가 잡은 순서는 이렇습니다. 4개로 이뤄진 문단을 '형용모순의 정의와 쓸모 → 일상어의 예 → 종교에 쓰인 예 → 시민군 언급' 순으로 짰습니다. '형용모순'이란 개념을 모르는 독자를 위해 먼저 이 말의 정의와 쓸모를 설명했습니다. 그 뒤에 예를 두 문단에 나눠 썼습니다. 마지막 문단에 정말 하고 싶었던 '시민군' 얘기를 꺼냈습니다. 마지막 문장으로 '진압 후 계엄군은 능청스레 광장 분수대 물을 하늘 높이 솟구치도록 틀었다고 한다.'라고 썼습니다. 진압 후 평온한 척하는 상황 자체도 역설적이라 형용모순이란 주제와 연결될 듯싶어서였습니다.

아무래도 인간은 복종보다는 삐딱한 쪽을 선택한 듯하다. 말에도 꾸미는 말과 꾸밈을 받는 말이 날카롭게 맞서는 형용모순이란 것이 있다. '네모난 동그라미' 같은 표현이 그 예이다. 현실에 존재할 수 없고 논리적으로도 말이 되지 않는다. 그런데도 당신 머릿속에서는 어느새 동그라미를 네모나게 누르거나 네모를 동그랗게 당기고 있을지 모른다. 이런 표현은 상상력을 자극하고 다른 세계를 꿈꾸게 한다. 모종의 진실을 담는 경우도 있다.

우리는 '찬란한 슬픔의 봄'을 맞이하여 '침묵을 듣는 이'에게 강으로 오라고 청할 수 있다. '눈뜬장님'과 함께 '산송장'이 된 친구의 병문안을 갈 수도 있다. 형용모순은 생활 속에서도 찾을 수 있다. '다시마 육수'에는 고기가 들어가지 않는다. '닭개장'에는 개고기가 없다. 어느 냉면집에선 '온냉면'을 끓여 판다. '아이스 핫초코'는 땀을 식혀준다.

종교에 쓰인 형용모순은 반성 없는 일상에 대한 각성의 장치다. 도를 도라 말할 수 있다면 그건 도가 아니다. 부처가 있으면 그냥 지나가고 부처가 없으면 더 냉큼 지나가라. 예수는 원래 하나님이셨지만 자신을 비워 사람이 되었다. 가난하고 비통한 사람은 복이 있다!

이런 형용모순도 있다. 가령, '시민군'. '시민'이면서 '군인'. 비극적 결합이다. 총을 만져본 적도 없는 학생들도 있었다. 39년 전 오늘, 새벽 도청의 시민군은 계엄군에게 모두 사살, 체포되었다. 진압 후 계엄군은 능청스레 광장 분수대 물을 하늘 높이 솟구치도록 틀었다고 한다.

- 김진해, 〈형용모순〉, 《한겨레》, 2019년 5월 26일.

다르게 구성할 수도 있습니다. '시민군이란 단어가 형용모순이다 → 형용모순의 정의와 쓸모 → 일상어의 예 → 종교에 쓰인 예 → 시민군 언급으로 마무리'. 어떤 게 나은 구성이었을까요?

과거도 현재로 소환될 수 있다

제 칼럼은 짧아 구성하기가 비교적 쉽습니다. A4용지 한 장이 넘어가면 좀 더 치밀하게 구성해야 글맛이 살아납니다. 좋은 글은 다음 문장이나 다음 이야기가 궁금해지는 글이니까요.

좀 긴 산문의 예를 하나 더 들어보겠습니다. 누구에게나 '다시 가고 싶은 장소'가 있습니다. 익숙한 주제입니다. 민경숙 작가의 책 《꽃잎이 뜸 들이는 시간》에 실린 〈배롱나무〉라는 감동적인 글이 있습니다.

"장흥 집에 한번 안 갈랑가."

지난해 5월, 메르스로 온 나라가 강제로 쉬고 있는 참이었다. 광주에 있는 넷째 동생에게서 전화가 왔다. 휴강이라 시간도 있고 길도 조용하니 큰누나 시간도 괜찮으면 옛날 집을 한번 같이 가 보고 싶다고 했다. 동생은 그곳이 직장에서 멀지 않은 곳인데도 한 번도 못 가 보았다는 말도 덧붙였다.

자신을 건축가라고 소개한 육십 대로 보이는 집주인은 의외로 우리를 반갑게 맞이하여 주었다. 우리가 살았던 옛날 집이 엄청나게 바뀌었다는 소문은 간간이 들었지만, 막상 와 보니, 상상했던 것보다 많이 변해서 전혀 다른 장소가 같았다. 중심이었던 안채는 세련된 전원주택으로 변신하였고, 아래채는 표고버섯 공장으로, 사랑채와 새방채도 마루 끝에 미닫이

창이 달려 있었다. 돌계단과 쪽문들이 없어지고 마당을 평지로 만들어 잔디를 깐 것에서 주인의 취향을 느낄 수 있었다.

잔디 사이에 놓은 돌들 위를 조심스럽게 걸으며 우리는 옛날의 흔적을 빠르게 살폈다. 그러나 온전히 남은 것이라곤 일부 남은 돌담과 곳곳에 무엇이 있었다는 표지판이 된 폐잔병 꼴을 한 나무들이었다. 우리가 자랄 때 청년이던 나무들은 이제 나무 끝이 뭉툭해지고 졸아들어 있거나, 털 빠진 늙은 개처럼 듬성듬성 난 잎사귀를 달고 간신히 서 있었다. 집주인은 "내년에는 이 나무들도 싹 정리해야 쓰겠소" 하고 말했다.

우리 집이 빚을 지게 된 건 중학교 3학년 때부터였다. 할아버지에 이어 큰아버지가 돌아가시자, 당시 서울에서 고등학교를 갓 졸업한 아버지는 집안의 대가 끊길 것을 걱정한 할머니의 뜻대로, 서둘러 엄마와 결혼하게 되었다고 했다. 아버지는 돌아가실 때까지 평생 돈을 벌지 않았다. 집에는 온종일 '아는 형님들'이나 '아는 동생들'이 드나들었으며, 음식상이 시도 때도 없이 차려졌다. 낮에는 기타와 바둑으로 소일하고 저녁때쯤 그들의 호위를 받으며 어딘가로 나가는 일이 아버지의 일상이었다. 다음 날이나 그다음 날쯤 누군가 불길한 소식을 가지고 들어왔다. 어른들이 '노름'이라고 수군거렸다.

처음엔 양조장이 사라졌다. 이어 산들과 논들이 밭들이 사라졌다. 하지만 그런 것들은 눈에 안 보이는 것들이라 슬프지 않았다. 목재와 기와를 팔기 위해, 곡식을 받아들이던 큰 창고가 헐리고 집을 둘러싸고 있던 대나무들이 사라지던 날은, 마치 덮고 자던 이불이 확 젖힌 것처럼 서늘한 느낌이었던 것을 아직도 기억한다. 더는 팔 것이 없어지자 빚은 더 불어났다. 처음엔 이런저런 도움을 주던 친척들도 마침내 손을 들었다.

아버지는 가장 안전하게 여겨진 서울의 큰고모네로 피신하였다. 다음으로 고등학교를 졸업한 내가 서울로 와서 셋째 고모부의 무역회사에 다녔다. 이즈음 엄마는 자식들의 교육에 목숨을 걸었는데, 남동생들은 학비가 상대적으로 싼 국립대학교에 집중하였고 여동생들은 교육대학교에 집중하였다. 고모들의 도움으로 홍제동에 작은 셋집을 얻게 되자 나머지 동생들도 데려와야 했다. 그런데 당연히 따라나설 줄 알았던 할머니가 선언하셨다.

"나는 이 집 대문을 한 발짝도 나서지 않을란다."

고모들이 줄줄이 와서 사정하였으나 할머니의 고집을 꺾을 수 없었다. 그래서 할머니는 그 큰 집에서 12년 동안 혼자 사셨다. 고집 센 노인이 버티고 있는 한 우리는 시사 가지 않은 셈이 된 것이다. 모두가 무엇 때문인지 너무 바빴고, 마침 그곳은 서울에서 너무 멀어서 우리에게 한동안 할머니의 존재는 잊혔다.

할머니가 돌아가실 것 같다는 앞집 석호네의 전갈을 받고 엄마가 내려갔을 때, 부엌에는 구더기가 오글거리는 김치 몇 조각밖에 먹을 것이 없었다. 그랬다. 맵싸하고 구수한 연기로 가득하던 고택의 부엌은 거미줄 무늬로 가득했다고 했다. 자식들이 보낸 몇 푼의 용돈이 모이면, 할머니가 자식들이 빚을 못 갚고 떠난 집을 찾아가 "이걸 우선 받으시게. 내 또 줌세. 대신 앞길 창창한 내 자식들 원망은 마시게"라고 하셨다는 이야기를 할머니가 돌아가신 다음에야 들었다. "보이지 않는 곳에서 원망을 듣거나 축원을 듣는 것도 참 중요한 일"이라고 하시던 할머니의 말을 우리는 나중에야 무슨 유물처럼 생각해 냈다. 할머니는 스스로 인질로 사신 셈이었다. 그 후로 우리는 모두 고향 집에 대해 입을 다물었다. 특히 할머니에 대해서는 말을 아꼈다.

실망감을 애써 감추며 우리가 목욕탕 자리를 돌아섰을 때, 어디에선가 눈길을 잡아끄는 것 같은 나무 하나에 눈이 멈추었다. 살색 둥치에 가지가 자연스러운 곡선을 만들며 하늘 쪽으로 둥글게 뻗어 있는 배롱나무였다. 나무껍질을 손으로 긁으면 잎이 살짝살짝 움직여서 '간지박(간지럼)나무'라고 부르던 그 나무, 연분홍 꽃이 지려 할 무렵 그 옆의 꽃이 릴레이하듯 피어나던 나무었다. 우리가 어릴 때 그 나무는 가지가 듬성듬성 나 있어 오히려 볼품이 없었다.

그는 고고하게 서서, 기도하듯 위로 뻗은 가지 사이사이에 각기 다른 도형을 만들면서 알 수 없는 기품을 뿜어내고 있었다. 그 순간 왜 흰 저고리에 옥색 치마를 자주 입으시던, 작고 단아하던 할머니의 모습이 겹쳐 보였는지 모르겠다. 동생은 인사라도 하듯 배롱나무 가지를 어루만지더니, 뒤돌아서 안경을 벗었다.

- 민경숙, 〈배롱나무〉, 《꽃잎이 뜸 들이는 시간》, 강, 2023년.

주요 글감을 중심으로 글의 흐름을 보면 다음과 같습니다. '고향집에 가보자는 동생의 전화(현재 1) → 옛날 모습은 사라지고 세련된 전원주택으로 바뀐 옛집(현재 2) → 젊을 때부터 '노름'에 빠진 아버지가 양조장, 논밭, 건물 등 가산을 모두 탕진하고 빚더미에 앉음(과거 1) → 가족이 모두 서울로 피신했지만, 할머니는 고집스럽게 그대로 남음(과거 2) → 할머니는 가난하게 살면서도 용돈을 보내면 모두 빚쟁이에게 갖다줌(과거 3) → 볼품없던 배롱나무가 이제는 기품 있는 모습으로 자람(현재 3) → 회한에 싸인 동생의 울음(현재 4)'.

괄호 안 숫자는 시간의 순서입니다. 이 글의 장점은 과거를 과거에 머무르게 하지 않고 현재로 소환한다는 것입니다. 그러기 위해 글감을 '현재 → 과거 → 현재'라는 순서로 배치했습니다. 시간의 흐름을 뒤섞어 과거의 글감 3개를 가운데에 집어넣고, 현재의 글감 4개를 다시 둘씩 나눠 처음과 마무리에 배치해 과거의 이야기를 감싸는 구조를 만들었습니다.

글맛과 설득력을 높이는 배치

삶의 경험을 바탕으로 글을 쓸 때는 항상 고민하는 지점이 있습니다. 시간입니다. 가장 편한 방식은 사건이 일어난 순서대로 쓰는 것입니다. 하지만 핵심적 사건, 주제가 담긴 사건이 전체 사건의 후반부에 나올 때 고민됩니다. 그 핵심 주제를 담은 이야기가 나올 때까지 그 앞에 벌어진 사건을 차례대로 쓸지, 아니면 순서를 바꿔 중요한 이야기를 먼저 쓸지, 글 쓰는 현재 상황을 얘기할지, 글 안에서 핵심적인 사건을 어디에서 등장시킬까 하는 고뇌의 순간은 매번 새롭게 찾아옵니다.

이 글도 마찬가지입니다. 저는 '글의 구성이 중요하다'는 말을 하고 싶었습니다. 솔직히 이 한 문장이면 됩니다. 하지만 이렇게 한 문장으로만 말하면 독자가 귓등으로 흘려들을까 봐 여러 장치를 구상하는 겁니다.

제 손에 잡힌 재료는 '구성의 정의와 중요성, 퇴비간 만든 경험, 라면 끓이기, 첫 칼럼의 구성 방식, 〈배롱나무〉라는 산문에 대한 분석' 정도입니다. 글 쓰는 사람들이 구성에 대해 별생각을 안 한다고 여겨서 그 중요성을 쉬운 말로 설득하기 위해 퇴비간 만든 경험을 맨 앞에 뒀습니다. 그러곤 퇴비간 만드는 과정과 비슷하게 글쓰기에서도 구성이 중요하다고 연결고리를 건 다음, 구성의 정의와 중요성을 배치했습니다. 라면 끓이기를 예로 들어 한 번 더 강조했습니다. 그리고 나서 제 첫 칼럼의 구성 방식과 산문 〈배롱나무〉를 분석하고 마무리하는 말을 덧붙였습니다.

다르게 구성할 수도 있었을 겁니다. 구성이란 게 뭔지 먼저 정의하고 그게 글쓰기에서 중요함을 설명한 다음에, 비슷한 예로 라면 끓이기와 퇴비간 만들기를 배치할 수도 있겠지요. 좋은 구성의 예로 〈배롱나무〉를 분석하고, 제 칼럼 얘기를 슬쩍 끼워 넣는 식의 흐름도 가능합니다. 이럴 수도 있습니다. 맨 앞에 산문 〈배롱나무〉를 소개하면서 잘 구성된 글이 얼마나 맛깔스러운지를 먼저 보여준 다음, 구성의 정의와 중요성을 써 내려가다가 제 칼럼도 그렇다는 걸 보여주고, 이것이 글쓰기에만 해당하지 않고 라면 끓이기나 퇴비간 만들기와 같은 생활 영역에도 적용된다며 마무리할 수도 있을 겁니다.

어떤 게 나은 구성일까요? 저는 제가 선택한 구성이 제일 좋더군요. '이게 제일 좋은데!'라는 느낌이 들면 그게 좋은 겁니다. '아직 덜된 것 같은데!'라는 느낌이 들면 아직 덜된 겁니다. 다른 기준은 없습니다.

과감한 포기도 전략이다

이 글을 쓰기 위한 글감으로 학생들을 데리고 미대생의 작업실을 방문한 얘기가 있었습니다. 무려 세 단락이나 됩니다. 그런데 그걸 뺐습니다(아깝더군요). 너무 길기도 하고, 써놓고 보니 이 주제와 긴밀하게 연결되지 않았습니다. 다시 말하지만, 라면 끓일 때 달걀을 뺄 수 있듯, 손에 잡힌 글감을 과감히 포기하는 것도 구성의 중요한 전략입니다. 쉽지 않습니다. 할 말을 다 하는 것보다 할 말이 있는데 하지 않는 것이 훨씬 더 힘든 일입니다('미대생의 작업실 방문' 얘기를 뺐다는 내용을 '여기'에 두는 것도 구성의 일환입니다! 하하).

내 몸에 타인의 시점을 새기는 일

ℓ

여름이면 숲에는 진드기가 여기저기 숨어 있습니다. 동물의 피를 빨아먹는 곤충이죠. 지난해에 죽은 저희 진돗개도 진드기 때문에 고생을 했습니다. 눈도 귀도 없는 진드기의 놀라운 사냥법은 이렇습니다.

먼저 지나가는 동물의 등에 떨어질 만한 높이의 잔가지 끝에 기어 올라가 먹잇감과 마주칠 때까지 주야장천 기다립니다(몇 년이고!). 가까이 다가오는 먹잇감이 풍기는 냄새를 맡고는 툭 떨어집니다(맨땅에 떨어지면 실패, 처음부터 다시!). 다행히 동물의 털에 떨어졌다면 촉각을 동원해 미끈한 피부까지 파고듭니다. 그러곤 피부 안에 핀셋 같은 빨대를 꽂고 피를 쭉쭉 빨아먹습니다. 원 없이 피를 빨면 1밀리미터밖에 안 되던 녀석이 완두콩만 해집니다.

인간이 세계를 인식하는 방식

진드기는 눈과 귀가 없습니다. 사람처럼 볼 수 없고, 주변에서 나는 소리도 들을 수 없습니다. 오직 냄새를 맡고 땅으로 떨어집니다. 먹잇감 위에 제대로 떨어졌는지도 동물의 몸에서 나오는 열 자극으로 압니다. 꺼슬꺼슬한 털을 지나 매끈매끈한 피부까지 갈 때는 오직 촉각만을 동원합니다. 단계마다 동원되는 감각이 다 다릅니다. 후각, 열감각, 촉각이 대상의 자극에 맞춰 작동합니다.

진드기는 진드기만의 살아가는 방식이 있는 것이죠. 인간과 전혀 다른 환경 세계에서 사는 겁니다. 사람처럼 "아, 저기 맛있는 먹잇감이 오는군. 피를 좀 빨아먹어야겠어. 옳지, 더 가까이 다가와봐. 그렇지. 이제 나는 네 피를 빨아먹을 테야" 하는 식으로 행동하지 않습니다. 진드기가 만나는 세계는 인간이 만나는 세계와 전혀 다릅니다.

인간도 인간만의 독특한 방식으로 이 세계를 인식합니다. 인간이 세계를 보는 눈도 객관적이지 않습니다.

그렇다면 인간은 어떤 방식으로 이 세계를 인식할까요? 인간은 본능적으로 이 세계를 전경 前景, figure과 배경 背景, ground으로 나눠 봅니다. 어떤 장면을 볼 때 주도적인 것과 부수적인 것, 중요한 것과 중요하지 않은 것, 관심을 끄는 것과 끌지 않는 것으로 나눕니다. 구름 한 점 없는 푸른 하늘 위로 새 한 마리가 날아가면, 여러분의 시선은 새의 움직임을 따라갈 겁니다. 새 뒤에 있는 하늘을 주목하기 어렵습니다. 하얀 벽에 파리 한 마리가 앉아 있으면 우리 시선은 그 파리에 고정됩니다. 벽은 주목하지 않습니다. 앞에 앉은 사람의 뺨에 밥풀 하나가 붙어 있으면, 우리 시선은 그 밥풀에 고정되죠.

이런 그림을 본 적이 있을 겁니다.

토끼-오리 착시 현상 일러스트레이션. 'expressive egg' 트위터 갈무리.

이렇게 보면 '오리'고 저렇게 보면 '토끼'인 그림 말입니다. 보통은 다양한 관점(해석)의 중요성을 강조하는 자리에서 자주 보여주는 그림입니다. 그런데 더 중요한 점은 이 그림을 오리로 보면 토끼는 안 보이고, 토끼로 보면 오리가 안 보인다는 것입니다. 무엇에 주목하느냐에 따라 전경과 배경이 뒤바뀔 수 있음을 보여주는 그림입니다. '나는 이 세계를 있는 그대로 볼 테야' 하고 각오하는 사람이라 할지라도 오리와 토끼를 동시에 볼 수는 없습니다. 그게 인간이 세계를 보는 본능적 성향입니다. 전경과 배경을 나눠 보는 인간의 성향은 말에, 특히 문장에 그대로 반영됩니다.

다음 사진을 보시죠.

이 사진에는 두 가지의 중요한 대상이 등장합니다. 고양이와 의자. 문장은 따로 떨어져 있는 대상(사물)을 이리저리 엮어서 하나의 '관계'로 만듭니다. 이 사진을 보고 문장을 하나 만든다면 어떻게 하실래요? '고양이가 의자 위에 앉아 있다'나 '의자 위에 고양이가 앉아 있다' 정도가 떠오를 겁니다. '고양이'와 '의자'라는 명사가 '앉아 있다'라는 동사의 주선으로 관계를 맺게 됩니다.

그런데 '의자가 고양이 밑에 있다'라는 문장은 이상합니다. 고양이가 의자 위에 있다면, 의자는 고양이 아래에 있는 게 맞는 말인데도 말입니다. 왜 그럴까요? 인간은 '고양이'와 '의자'를 대등한 사물로 보는 것이 아니라, 하나(고양이)는 전경으로 다른 하나(의자)는 배경으로 보기 때문입니다. 의자 위에 앉아 있는 고양이가 있을 때 우리의 시선이 의자보다 고양이한테 가는 게 자연스러운 것처럼요.

보통 전경은 주로 주어로 표현되고, 배경은 부사어로 표현됩니다. 이걸 어기고 ⓑ처럼 배경을 주어로 삼으면 어색하거나 낯선 문장이 됩니다.

Ⓐ 새가 하늘로 날아가는군.
파리가 벽에 앉았어.

밥풀이 오른쪽 뺨에 붙었어.

Ⓑ 하늘이 새한테 날아다니게 하는군.
벽이 파리에게 앉음을 당했어.
오른쪽 뺨이 밥풀을 품고 있어.

시점을 어디에 두느냐

많은 사람이 글의 내용을 '팩트(사실)'와 '의견'으로 구분합니다. 글을 쓸 때도 우선 자신이 겪은 일을 '객관적'으로 쓴 다음에, 거기서 얻은 느낌이나 교훈 같은 '주관적'인 것을 뒤에 배치하라고 합니다.

그런데 그것은 진실이 아닙니다. '모든' 문장에는 시점視點, 관점이 담깁니다. 팩트를 기술할 때도 마찬가지입니다. 같은 사건도 시점을 어디에 두느냐에 따라 사뭇 다르게 표현됩니다. 대표적인 예를 보여드리지요.

Ⓐ 경찰이 강도를 잡았다.
Ⓑ 강도가 경찰한테 잡혔다.

논리적으로 봤을 때, 두 문장은 같습니다. 경찰이 강도를 잡았다면 당연히 강도가 경찰에게 잡힌 겁니다. 하지만 두 문장은 전혀 다른 의미를 갖습니다. '경찰'을 주어로 쓰면 경찰의 주도적인 면에 초점이 맞춰집니다. '강도'를 주어로 쓰면 실제로는 체포당하는 것이지만, 강도에게도 모종의 주도성이 있을 것만 같아집니다(그래서 경찰을 숨기고 '강도가 잡혔다'라고만 쓸 수 있습니다). '경찰'을 주어로 시작하는 문장을 썼다면 다음에 이어질 문장이 어떠할지 예측할 수 있습니다. '강도'가 주어인 문장은 이와는 다른 전개를 하게 될 겁니다. 강도 얘기를 더 하겠죠.

우리는 어떤 장면이나 대상에 일정한 태도와 친밀감(또는 거리감)을 갖습니다. 모든 글에는 글쓴이의 시점이 반드시 반영됩니다. 시점이 없는 문장은 없습니다. 누구의 시점으로 그 사건을 기술하는 것이 적절할지 생각해야 합니다. 무조건 '나'의 시점을 고집해선 안 됩니다. 교통사고를 겪었다면 그 사건의 당사자인 '나'뿐만 아니라 동석자나 피해자, 또는 길 가던 목격자, 보험사 직원, 경찰관의 시점에 따라 문장은 달라질 겁니다. 심지어 차의 눈으로 쓸 수도 있을 겁니다.

국어 시간에 소설을 읽을 때면 선생님이 '시점' 얘기를 자주 하죠. 1인칭 관찰자 시점, 1인칭 주인공 시점, 3인칭 관찰자 시점, 전지적 작가 시점. 읽을 때와 마찬가지로 글을 쓸 때도 자신의 시점을 정해야 합니다. 시점은 1인칭으로 쓰느냐 3인칭으로 쓰느냐, 둘 중 하나입니다(소설을 쓰지 않는 한, 모든 등장인물의 내면까지 다 아는 전지적 작가 시점으로 쓰는 경우는 드뭅니다). 이게 왜 중요하냐면, 문장이 전혀 달라지기 때문이에요.

자, 다음 사진을 보시죠.

이런 장면을 문장으로 표현한다면 어떻게 쓰시겠습니까? 아마 이렇게 쓸 겁니다.

책상 위에 책이 있다.

좋습니다. 이게 가장 자연스러운 문장이죠. 관찰자(글쓴이)는 드러나지 않고, 눈앞에 보이는 사건만 표현되죠. 이렇게 쓰는 게 3인칭 시점입니다. 다음 문장처럼 1인칭으로 쓰는 분도 있겠네요('나는'을 생략해도 됩니다).

나는 책상 위에 있는 책을 본다.

3인칭 시점과 1인칭 시점의 차이가 느껴지죠? 3인칭 시점에서 '나'(글쓴이)는 무대 밖에서 관찰자로 바라볼 뿐, 문장 속에 드러나지 않습니다. 반면에 1인칭은 '나'가 개입됩니다. 눈앞에 벌어지는 장면에 내가 연루되는 거죠. (첫 번째 보인 문장을 '표준적 관점 배열'이라 하고, 두 번째 문장처럼 쓰는 걸 '자기중심적 관점 배열'이라 하는데, 말이 어렵네요. 그냥 넘어갑시다.)

타인의 몸에 들어가보는 것

글을 쓸 때 '내'가 무대에 함께 오를지, 무대 밖에서 구경꾼으로 바라볼지를 택해야 합니다. 다른 방법은 없습니다. '누구의 시선으로 서술하느냐'는 글쓰기에서 핵심 요소입니다. 내가 경험한 것이니 내 입장에서 서술한다고만 생각하지 말기 바랍니다. 자기 시점(관점, 자리)만 고집하지 말고, (다른 사람이든, 물건이나 동물이든) 타자의 시점을 갖도록 노력하는 게 글쓰기에는 더 도움이 되더군요.

감정이입은 내 몸에 타인의 시점을 초대하는 것입니다. 정확히 말하자면, 내가 타인의 몸에 들어가는 것입니다. 공감共感, sympathy은 각자의 자리를 지키면서 감정이나 의견에 동의하는 것입니다. 자기를 잃지 않습니다. 둘을 유지합니다. 하지만 감정이입empathy은 자기를 잃어버립니다. 타인이 되는 것입니다. 하나가 됩니다.

여러분은 누구의 눈으로 이 세계를 보고 있나요? 오직 자신의 눈으로만 보고 있지는 않은가요? 타인의 자리에 앉아봐야 자기 자리를 알게 됩니다. 그런 사람만이 사물의 시선으로 문장을 빚어내기도 합니다. 마음을 움직일 단 하나의 문장을요.

시점을 어떻게 설정하느냐에 따라 글의 방향, 주제, 느낌, 강조점이 달라질 수밖에 없습니다. 이렇게 말하고 보니 글이란 게 참 묘하군요. 문장에는 이 세계를 전경과 배경으로 나눠 보는 인간의 자연스러운 본능이 드러나는데, '새로운' 문장은 그 자연스러운 본능을 거스를 때 튀어나오니 말입니다. 시점을 바꾸면 문장이 달라집니다. 유일한 문장은 없습니다. 최후의 문장도 없습니다. 그저 쓸 뿐.

문체, 삶이 빚어낸 양식

《매일매일 좋은 날》이란 산문집을 원작으로 한 〈일일시호일 日日是好日〉이란 일본 영화가 있습니다. 20대 주인공이 다도를 배우면서 인생의 의미를 깨달아간다는 내용이죠. 다도를 배우는 동안 취업도 안 되고 결혼을 약속한 사람과 헤어지기도 하고 갑자기 아버지가 돌아가시기도 합니다. 그만둘 만도 한데 계속 배웁니다.

형식이 먼저다?

일본 다도에는 과하다 싶을 정도로 규칙이 많더군요. 부엌에서 물단지를 안고 다실에 들어가기부터 어렵습니다. 왼손으로 문을 7부쯤 연 뒤 남은 부분은 오른손으로 엽니다. 물단지를 가슴쯤에 들고 들어오되, 물이 철렁철렁 흔들리지 않게, 팔꿈치는 허리에 붙이고 손가락은 가지런히 잡아야 하고요. 방에 들어설 때는 왼발부터 내디뎌야 합니다. 다다미 한 장을 여섯 걸음으로 걸어야 합니다. 절대로 다다미 둘레를 밟으면 안 됩니다. 차 수건으로 찻잔 닦는 법도 엄격합니다. 수건의 긴 쪽을 당겨 늘린 뒤 앞쪽으로 세 번 접고 다시 크게 한 번 접어 밑을 향해 덮은 다음 잔 안에 넣습니다. 수건을 한 손에 그러쥐고 잔 안에서 히라가나의 'ゆ'(유) 자를 쓰듯이 닦으라고 합니다.

처음 배우는 사람 머릿속에선 '꼭 그래야만 할까?' 하는 의문이 솟구칩니다. 참다못해 묻습니다. "왜 '유' 자를 쓰죠?" 선생님 대답도 아리송하네요. "왜 쓰냐고 물으니 참 곤란해지네요. 의미는 몰라도 되고 아무튼 그렇게 해요." '묻지도 따지지도 말고' 따라 하라는 거죠. 차 한 잔 마시는데 꼭 이렇게까지 해야 할까요? 끓는 물에 티백 휘휘 저어 홀홀 불어 마시면 될 일을 굳이 이렇게 성가시고 복잡한 절차를 따라야 하는지 의심이 듭니다. 다도 수업을 마칠 무렵, 선생님이 덧붙입니다. "차는 형식이 먼저예요. 처음에 형태를 잡고 거기에 마음을 담는 거죠." "형식만 따르면 너무 형식주의잖아요. 뭔가 의미가 있는 건가요?" "머리로만 생각하니 그런 생각이 들겠죠." 이 영화의 핵심 메시지입니다. '형식이 먼저다. 처음에 형태를 잡고 거기에 의미를 담는다.'

'형식이 먼저다'라는 말은 그 자체로 모순입니다. 무엇을 하기 위해 형식이 있는 거지 형식만 덩그러니 있을 수는 없는 일이니까요. 그런데도 다도 선생님은 이런 의문에 대해 '머리로만 생각해서 그렇다'고 합니다. 먼저 몸으로 익히라는 겁니다. 같은 동작을 반복하다 보면 언젠가 몸이 저절로 움직이는 순간이 찾아오고, 그럴 때 비로소 의미가 담긴다는, 아니 어떤 의미든 담을 수 있다는 뜻이겠죠. 몸이 저절로 움직이기 전까지는 '시키는 대로' 따라 해야 합니다.

누구나 고유한 형식이 있다

당신은 어떤 스타일의 사람인가요? 질문이 뜬금없군요. 바꿔서 물어보죠. 당신은 어떤 스타일의 옷을 좋아하나요? 당신은 어떤 스타일의 신발을 즐겨 신나요? 당신은 어떤 스타일의 사람을 좋아하나요?

'어떤 스타일의 옷을 좋아하냐'는 질문엔 재미있는 구석이 있습니다. 묻는 건 옷이나 신발처럼 어떤 대상이지만, 실제로는 '나(당신)'를 향하고 있습니다. 어색하지만, '당신은 어떤 옷을 좋아하는 스타일인가요?'가 더 정확한 질문이겠죠.

우리는 무한히 열린 세계에 무한히 열린 가능성으로 살지 않습니다. 옷 가게에 걸린 모든 옷을 다 입어보면서 고르지는 않죠. 사람마다 좋아하는 색깔, 크기, 디자인이 있습니다. 이 기준을 동원하면 진열대에 옷이 아무리 많더라도 범위가 확 줄어들죠. 스타일은 취향이라 할 수도, 습관이라 할 수도, 패턴이라 할 수도 있습니다. 저는 생활력이 떨어져서 그런지 제 스타일을 정확히 모르겠더군요. 늘 옷 고르는 일이 힘듭니다. 어떤 옷이 저한테 어울리는지 몰라 망설이다 시간을 하염없이 보냅니다. 아내의 지도 편달이 없으면 결코 아무것도 사지 못합니다. 무능력자죠.

등산을 즐기는 사람 중에는 항상 같은 모자를 쓰는 사람이 있습니다. 돈을 모아 최신 유행의 모자를 선물해도 늘 그 모자를 쓰고 집을 나섭니다. 모자챙은 군데군데 실밥이 튀어나오고 여기저기 땀과 얼룩 자국이 있는 모자. 그게 자신에게 가장 잘 어울린다고 생각하기 때문이겠죠.

누구든 취향이 있습니다. 그러한 취향이 모이면 문화가 될 것입니다. 한 사회의 문화는 '이유는 잘 모르지만 옛날부터 그렇게 써왔어'라고 말하는 것입니다. 개인에게도 문화가 있습니다. '개인문화'라 불러봄 직한데, 다른 선택이 가능해도 그냥 그쪽으로 손이 가고 발길이 향하고 몸과 마음이 편한 것들의 묶음. 반복에서 온 습관이자 삶의 형식. 그게 평생에 걸쳐 쌓이고 쌓여 취향이나 스타일이 되는 거죠.

누구에게나 특유의 '말투'라는 게 있죠. 어린이도 알 수 있게 쉬운 말로 하는 사람도 있고, 고사성어나 어려운 용어를 섞어 쓰는 사람도 있습니다. 빠르게 말하는 사람도 있고, 느릿느릿 말하는 사람도 있습니다. 다정하게 말하는 사람도 있고, 불량스럽게 말하는 사람도 있습니다. 요점만 말하는 사람이 있는가 하면, 한번 시작하면 10분 이상 떠들어야 하는 사람도 있습니다. '난 그게 싫어'라고 분명히 말하는 사람이 있고, '그건 좀 그렇다'며 말끝을 흐리는 사람도 있습니다. '이 문제의 원인은 세 가지입니다. 첫째는, 둘째는' 하는 식으로 논리적인 사람도 있고, 이 얘기 저 얘기 왔다 갔다 하다가 제자리로 돌아오는(끝내 돌아오지 못하는) 사람도 있습니다. 우리는 상대방의 말투를 보면서 그 사람이 어떤 사람인지 미루어 짐작합니다. 정작 말하는 자신은 잘 모르는데, 타인은 잘 압니다.

문체는 곧 그 사람

이제 글쓰기 얘기로 돌아옵시다. 저는 글을 쓰는 사람이 틈틈이 물어봐야 하는 질문을 꼽으라면, '나는 어떤 문체를 갖고 있는가'를 들고 싶습니다. 말투와 마찬가지로 문체도 자신은 잘 모르지만 타인은 압니다.

문체는 기교나 수사법이 아닙니다. 기교나 수사법을 뛰어넘습니다. 문체는 글쓴이의 목소리이자 글쓴이 고유의 표현 양식입니다. 언어학자 샤를 바이에 따르면, 문체는 곧 그 사람입니다. 반복을 통해 어떤 동작을 몸에 익히듯, 글쓰기에서 문체를 찾는 것도 글을 쓸 때 자신에게 익숙한 습관을 찾아가는 것입니다. 어떻게 시작하지? 어떤 예를 갖고 올까? 문장의 끝맺음은 뭐로 할까? 어떤 단어를 쓸까? 단문으로 할까, 복문으로 할까? 분위기를 가볍게 할까, 무겁게 할까?

글쓰기에는 불변의 원칙이란 게 없습니다. 그렇다고 순간순간 무한수의 가능성으로 글을 쓰는 것도 아닙니다. 그 사이에 자신만의 문체(스타일)로 글쓰기라는 당면한 과제를 헤쳐 나아가는 것입니다.

자기 사인(서명)을 만들 때를 떠올려보세요. 이것저것 고려합니다. 한글로 할지 영어로 할지, 한 획에 이어서 쓸지 따로따로 쓸지, 이름만 쓸지 성만 쓸지 다 쓸지 등등. 사인이라는 형식

안에 내가 타인에게 보이고 싶어 하는 뭔가를 담으려 했을 겁니다. 부드러움? 강인함? 경쾌함? 혹은 권위 같은 것도 될 수 있겠죠.

    이 글을 쓰면서 저의 문체에 대해 생각해보았습니다. 내세울 건 아니지만 몇 가지 스타일이 있더군요. 문장은 주로 단문을 씁니다. '-다'가 아닌 어말어미로 문장을 끝맺으려 합니다. 전문용어 사용을 피하려 합니다. 주변에서 찾은 얘기를 주제와 연결해 새로운 의미를 만들려 합니다('말을 어떻게 끝맺느냐가 그 사람의 성격이 드러난다는 글을 쓰면서 '접시에 고춧가루가 하나 붙어 있으면 애써 한 설거지가 도루묵이 된다'는 얘기를 쓰더군요). 대비되거나 모순된 표현을 자주 씁니다('시인은 문법과 비문법의 경계 위에서 줄타기하는 광대다' '우리말은 더럽지도 않지만 아름답지도 않다' '감정을 싣지 않고 말하기도 어렵지만, 감정을 싣지 않고 해석하는 건 더 어렵다'). 유보적 표현도 자주 쓰더군요('이상하게 들리겠지만' '과한 말이지만' '다른 얘기지만' '믿기지 않겠지만'). 웃기거나 과장된 표현을 포함하려고도 합니다('이 글을 읽고 '재미가 하나도 없다'고 하는 사람보다 '재미가 1도 없다'고 하는 사람에게 이가 더 갈릴 것 같다' '망측하게도 한 단어인 '너구리'를 잘라 '너'는 동댕이치고 '구리'만 갖다 쓰다니! 말의 입장에선 순교').

삶을 관찰한 자만이 쓸 수 있는 글

어떤 글에든 고유한 문체가 있습니다. 먼저 정선 님의 문체를 볼까요? 정선 님의 글을 읽어보면 기억을 매우 구체적이고 세밀하게 복원하고 있습니다. 화려하기보다는 담백하고 담담하게 감정을 풀어나가더군요. '이분은 참 정갈하게 살고 있구나' 하는 마음이 듭니다. 〈엄마의 손칼국수〉라는 글만 봐도 삶을 진지하게 관찰하고 곱씹는 사람만이 쓸 수 있는 설명을 합니다.

(엄마는) 얼른 밀가루 반죽을 시작하셨다. 벽장 안에 세워 둔 홍두깨와 밀판을 꺼내 오라고 하셨고 부엌 옆방에 돗자리를 까셨다. 엄마가 만드는 칼국수는 콩가루를 섞어서 그런지 고소한 맛이 나고 씹을 때 쫄깃하기도 하였다. 홍두깨질이 거듭되면서 둥글게 뭉쳐져 있던 밀가루 반죽은 점점 더 얇고 큰 원 모양이 되었다. 서로 달라붙지 않도록 밀가루를 뿌려가면서 홍두깨에 반죽을 감아서 안에서 바깥쪽으로 두 손바닥으로 살살 밀면서 늘려주는 동작을 옆에서 구경하는 것도 재미있었다. 적당한 얇기로 반죽이 다 밀어지면 가운데를 접고, 접고 또 접어서 칼로 일정한 두께로 썰어서 쟁반에다 가지런히 담았다. 가끔 마지막의 꼬랑지를 얻어서 연탄불에 석쇠를 놓고 구워서 먹기도 했다.

어머니의 음식에 담긴 정성을 쓰는 다양한 방법이 있을 겁니다. 정선 님은 어머니가 손칼국수를 만드는 장면을 택했습니다. 육수 만드는 법이나 국수를 먹는 가족의 모습은 택하지 않았습니다. 다른 글도 어떤 경험의 특징적인 장면을 포착하여 별다른 기교를 부리지 않고 구체적으로 보여주려고 합니다.

반면에 세연 님의 〈손자와 밥〉이란 글은 다른 느낌입니다. 손자를 위해 음식을 장만하는 모습을 썼는데, 준비하는 음식을 나열하는 방식을 택해 판소리의 휘모리장단처럼 속도감과 리듬감을 느낄 수 있습니다.

냉장고를 열어 가지, 당근, 양파, 쇠고기, 마늘, 토마토를 꺼내고 냉동실에선 조기를 꺼낸다. 아 참, 밥부터 안쳐야지? 쌀을 듬뿍 푸고 보리쌀도 한 줌 넣어 훌훌 씻어 밥솥에 붓는다. 이제 된장찌개 육숫물을 올려야겠네. 채소들도 손질해야지. 채소들은 여덟 살 손자가 먹을 거니까 얇고 작게 썰어야지, 매우면 안 되니까 풋고추는 빼고. 된장찌개에 넣을 감자와 호박, 두부도 손자 입에 쏙 들어갈 크기로 썰어둔다. 냄비를 꺼내 썰어둔 가지, 양파, 당근을 볶다가 쇠고기를 넣어 함께 볶는다. 한여름 점심때인데다 바삐 서두르며 불 앞에서 젓다 보니 땀이 흐른다. 옆 냄비 속에선 된장찌개가 끓고 있다. 밥솥에선 치익칙 밥이 끓는 소리 요란하다. 마지막에 파프리카를 얹어 쇠고기가지볶음이 다 되었다. 밥솥도 조용하게 밥을 뜸

들이고 있다. 조기도 다 구워지고 된장찌개도 다 되었다.

자신이 어떤 문체를 가졌는지 탐색할 때 점검해야 할 게 뭐가 있을까요? 사실은 글의 모든 것을 다 검토해야 합니다. 왜냐? 글은 형식이니까요. 문체만이 여러분을 보여주는 것이니까요. 단어, 문장, 문장의 나열 방식, 글의 구성(흐름), 수사법, 글감과 주제를 연결하는 방식, 주제에 대한 글쓴이의 정서나 세계관, 독자를 대하는 태도….

자신의 문체가 어떠한지 살펴보기 바랍니다. 여러 벌의 옷을 입다 보면 자기 스타일을 찾아갈 수 있듯이, 반복해서 쓰고 그 속에서 자신이 어떤 스타일의 글쓰기 방식을 좋아하는지 파악해보기 바랍니다. 자신의 문체가 어떠한지 몇 가지라도 말할 수 있게 되길 바랍니다. 하다못해, '나는 어떤 문체를 갖고 있나?'라고 묻는 것만으로도 더 좋은 글을 쓰게 될 겁니다.

경험을 낯설게 번역하기

앞에서 '문체는 곧 그 사람이다'라고 했었죠. 이렇게 말하고 나니 글 쓰는 데 부담감을 안겨주겠다 싶더군요. '글이 이렇게 진부하고 지지부진한 걸 보니, 내 삶도 이 모양 이 꼴인가?'라는 생각에 글쓰기가 싫어지고 자신감을 잃을지도 모르겠다는 걱정이 들었습니다. '나의 한계를 들키지 않기 위해서라도 글을 쓰지 말아야겠다!'

분명히, 문체는 글쓴이의 목소리이자 글쓴이 고유의 표현 양식입니다. 글과 글쓴이의 삶은 닮았습니다. 이 진리의 말을 조금 바꿔 보자면, '글쓰기를 통해 사람이 만들어진다'는 겁니다. 고귀한 인격을 갖춘 사람이 글을 쓰는 게 아니라, 글을 쓰다 보면 고귀한 인격을 갖춘 사람으로 변모합니다. 글을 쓰다 보면 예의를 지키면서도 비굴하지 않은 자세, 단호하면서도 정중한 자세, 이기심보다는 이타심을 가지려는 자세, 현실을 직시하면서도 현실 너머의 세계를 꿈꾸는 자세, 온갖 변수를 고려하면서도 길을 찾아내는 자세를 갖출 수 있습니다. 글을 쓰면 좋은 사람이 될 수 있습니다. 그러니 글 쓰는 용기를 잃지 마세요.

인격을 갖춘 글쓴이가 되기 위해 두 가지만 얘기해 보겠습니다. 하나는 번역한다는 자세, 다른 하나는 간결함의 추구.

'My mother died'를 번역한다면

우리가 쓰는 글은 대부분 산문입니다. 넓은 의미로 수필(에세이)이라 할 수 있죠. '수필'을 정의할 때 늘 나오는 말이 있습니다. '붓 가는 대로', 또는 '생각나는 대로'. 기억나시죠? 떠오른 생각을 솔직 담백하게 쓰면 글이 된다고 합니다. 정말 그럴까요? 생각나는 걸 그대로 옮겨 쓰면 글이 될까요? 이 말이야말로 글쓰기에 대한 오해를 불러일으킵니다. 생각나는 대로 썼는데 글이 시원찮으니 좌절할 수밖에 없습니다. 글쓰기와 인격이 서로 성장하는 걸 가로막습니다.

생각나는 대로 글을 쓰지 마세요. 생각과 글은 다릅니다. 물론 생각도 말로 이루어져 있어 이 둘을 엄격히 나누는 건 무리입니다. 하지만 일단 이 둘을 나눠놓고 봅시다. '생각'은 자고 일어났을 때 헝클어진 머리 같습니다. 한쪽은 눌려 있고 다른 쪽은 삐죽삐죽 뻗쳐 있죠. 부스스한 상태로 사람을 만나면 스스로 부끄럽거나 예의 없다고 핀잔을 듣기 십상입니다. 집 밖에 나가려면 머리를 감고 곱게 빗질해야 합니다.

'글'은 생각을 있는 그대로 받아 적는 게 아닙니다. 글은 생각을 '번역'하는 겁니다. 생각은 한 줄로 가지런히 정돈되지 않고, 엉킨 실타래처럼 한 덩어리로 뭉쳐 있습니다. 머릿속에 떠오른 생각은 사진과 비슷합니다. 한 장의 사진에 여러 사물이 동시에 찍혀 있듯이, 생각도 마찬가지입니다. 어떤 느낌이나 사건이 불쑥 솟아오르긴 하는데, 언어로 분화되지 않은 채로 있습니다. 그걸 글로 곱게 펼쳐야 합니다. 생각을 곧바로 쓰는 게 아니라, 생각을 글로 천천히 번역해야 합니다.

예를 들어보죠. 'My mother died'를 번역하라면 어떻게 하시렵니까? 간단한 영어이지만 꽤 여러 문장이 떠오릅니다. 직역하면 '나의 어머니가 죽었다'고 할 수 있겠으나, 뭔가 어색하군요. 언어마다 즐겨 표현하는 방식에 차이가 있으니까요. 한국어로 '나의 어머니'보다는 '우리 어머니'가 자연스럽겠어요. '우리 어머니가 죽었다'가 될 텐데, 이것만 있지 않죠. '우리 어머니께서 돌아가셨다' '우리 어머니가 세상을 떠나셨다' '우리 어머니가 숨졌다' '우리 어머니께서 숨을 거두셨다' '우리 엄마가 세상을 등졌다' 등등. 어이쿠, '모친께서 운명하셨다'도 가능하겠군요.

'my'를 '나의'라 할지 '우리'라 할지, 'mother'를 '엄마'라 할지 '어머니'라 할지, 어머니 다음에 올 조사를 '-께서'로 할지 '-가'로 할지 선택해야 합니다. 'died'는 '죽었다, 돌아가셨다, 숨졌다, 숨을 거두셨다, 세상을 등졌다, 소천하셨다, 운명하셨다' 등 선택할 후보가 많네요. 저라면 이렇게 번역할 것 같아요.

엄마가 죽었다.

어떤가요? 버릇없고 싸늘해 보이나요?(여하튼 어떻게 표현하느냐가 글쓴이의 '태도' 즉 문체를 보여주는 건 분명하군요). '우리'란 말을 안 써도 돌아가신 분이 글쓴이의 어머니임을 알 수 있어지웠습니다. '어머니'보다 '엄마'라고 쓰는 게 그분과 정서적으로 가깝다는 걸 보여주기도 하네요. 반면에 '-께서'보다는 '-가'를, '돌아가셨다'보다는 '죽었다'고 하는 게 독자에게 어머니의 죽음을 좀 더 객관적으로 전달하고 감정을 절제한다는 느낌을 줍니다. 피할 수 없는 죽음에 감정을 과하게 보태지 않는 게 정확해 보이긴 하네요.

나만의 문제를 찾는 법

이렇듯 번역은 수많은 후보 중 하나를 선택한다는 뜻입니다. '엄마가 죽었다'라는 문장만이 'My mother died'라는 상황을 가장 정확하게 표현한다는 뜻이 아닙니다. 생각과 글 사이에 틈을 만들어내야 한다는 뜻입니다.

머릿속에 떠오른 생각을 그대로 받아 적지 '말아야' 합니다. 도리어 틈을 더 많이 벌려야 합니다. 특히 머릿속에서 떠오른 생각은 일상의 경험과 직접 연결돼 있습니다. 경험과 직접 연결된 말, 머릿속에 가장 빠르고 자연스럽게 떠오르는 말, 이게 글쓰기의 독입니다. 경험과 연결된 언어는 생활언어에 속합니다. 절경을 보고 '와, 멋지다', 무례한 사람을 만났을 때 '열 받네', 벽에 머리를 부딪혔을 때 '아, 아파라', 피곤할 때 '아, 졸려' 이런 것들이죠. 그게 경험을 가장 잘 나타내는 현실적 감각이긴 합니다. 하지만 그 감각은 언어라기보다는 감정에 가깝습니다.

생각과 글은 일대일 관계가 아닙니다. 경험과 글도 일대일 관계가 아닙니다. 'I don't know myself'라는 생각이 떠올랐다고 해서 곧바로 '나는 나 자신을 잘 모르겠다'라고 쓰고 만족해

하는 게 아니라, 멈칫하고 이를 어떤 '문장'으로 '번역'할지 고민해야 합니다. 그게 나만의 문체를 고민하는 사람의 태도입니다. '나는 내가 낯설다' '나는 내가 그립다' '내 속엔 수많은 타인이 앉아 있다' '내 속엔 내가 너무 많아' 따위의 문장을 떠올려야 자기만의 문체가 마련됩니다.

글을 여러 번 썼는데도 나만의 문체를 찾기 어려운 것은 매번 머릿속에 떠오른 생각을 곧바로 썼기 때문 아닐까요. 멈춰서야 합니다. 자신의 경험을 '번역하는 마음'으로, 다시 말해 '낯선 언어'로 바꾸려는 자세로 쓰지 않으면 나만의 문체를 찾기 어렵습니다.

문체에 대한 감각은 말에 대한 감각입니다. 말을 외국어처럼 쓰려고 해야 합니다. 술술 나오는 걸 과신하지 말고, 머뭇거리거나 더듬거리며 어렵게 나오는 말을 더 신뢰해야 합니다. 미처 나오지 않은 말을 갈망해야 합니다.

다행히(!) 생각에 비해 글은 느립니다. 되돌릴 수도 있습니다. 지우고 고치고 다시 쓸 수 있죠.

내 감정은 남의 일처럼

간결함이란 군더더기를 덜어낸다는 뜻인데, 무조건 문장을 짧게 쓰라는 뜻은 아닙니다. 간결함은 감정을 조절하는 문제에 가깝습니다. 자신의 글에 기쁨이나 슬픔의 감정을 지나치게 담으려 하면 간결함을 잃을 수 있습니다. 슬플 때 너무 슬퍼하지 않고, 기쁠 때 너무 기뻐하지 않는 것. 너무 들뜨거나 가라앉지 않는 것. 어쩌면 간결함은 무심함에 가깝습니다. 내 감정을 마치 남의 일처럼 무심하게 적어 내려가는 것. 그럴 때 글이 갖춰야 할 최고의 덕목인 '명료함'에 이를 수 있습니다. 명료함은 글에 생각이 뚜렷하고 분명하게 드러날 때 느낄 수 있습니다. 문체를 현대적으로 정의하면 '적절성, 명료성, 미학성 등을 통해 드러나는 작가의 독특한 표현 양식'입니다. 여기에도 명료함이 거론되는군요.

글을 쓰다 보면 감정이 덜 드러나기보다는 과잉되게 담기는 일이 잦습니다. 감정에 격동이 생겼으니 기억에도 남고 글을 쓰겠다는 마음도 생겼겠죠. 자연스럽습니다. 하지만 웃긴 얘기를 하면서 먼저 웃으면 김새듯이, 문장에 감정이 과잉되게 드러나면 그 마음이 전달되기 어렵습니다. 독자 리아 님이 쓰신 문장으로 예를 하나 들어보죠.

천근같이 무거운 발을 질질 끌고 나와 간신히 식탁 의자에 앉아서는 멍하니 허공을 바라보았다.

아들의 합격 여부가 발표되는 날 아침의 심란하고 불안한 상황을 묘사한 문장입니다. 직접 감정을 드러내지도 않아 보입니다. 그런데 심란한 상황과 심란한 문장은 다릅니다. 마음이 심란하다고 문장마저 심란해서는 곤란합니다. '천근같이 무거운 발, 질질 끌고 나와, 간신히, 멍하니' 같은 표현은 자신의 불안한 심리를 걸러내지 않고 드러내는 표현입니다. 문장이 심란해졌죠. 이런 걸 덜어내면 어떨까요.

무거운 발로 식탁 의자에 앉아 허공을 바라보았다.

수식을 과하게 하지 않고 '허공을 바라보았다'라고만 해도 불안한 마음이 전달됩니다. 글쓴이는 자신이 쓸 수 있는 만큼만 간결하게 쓰되, 나머지는 독자에게 맡겨야 합니다. 독자도 가만히 있지 않습니다. 자기 감정과 경험을 독자 머릿속에 고스란히 욱여넣으려 하지 않아도 됩니다. 군더더기를 붙일수록 독자는 지치고 상황은 전달되지 않습니다.

간결한 마음이 명확한 문장을 만든다

이런 자세로 문장을 쓰다 보면 결과적으로 문장이 짧아집니다. 묘하게도 문장은 짧을수록 힘이 생깁니다. 그러니 '간결하게 쓰겠다'고 마음먹는 것은 좋은 습관이라 할 수 있습니다. 간결하게 쓰려는 마음을 갖추면, 길어도 생각이 명확히 담기는 문장을 쓸 수 있습니다.

우스갯소리로 헤어hair가 있어야 헤어스타일도 있습니다. 머리카락이 없는데 머리모양을 갖추기는 어렵습니다. 옷장에 옷이 몇 벌 걸려 있어야 상황에 맞게 멋을 부릴 수 있죠. 어느 정도 글이 쌓여야 자기 문체를 찾아갈 수 있습니다. '나는 어떤 문체를 갖고 있는가?'라고 묻기 위해서는 '자기 글'이라는 옷을 여러 벌 쌓아놓아야 합니다.

세계와 감응하는 단 하나의 문장

이번에는 좀 '얄팍한(?)' 얘기를 해볼까 합니다. 어리석은 질문이기도 합니다. 문장의 길이는 어느 정도가 적당할까요? 짧게 쓰는 게 좋다는 사람도 있고, 짧게만 쓰면 글이 유치해 보이니 길게 쓸 수 있어야 한다는 사람도 있습니다. 문장 얘기를 하려니 지레 겁나기도 하고 난감한 마음도 드는군요. 조금 돌아가 보겠습니다.

두 장면을 상상해보기 바랍니다. 하나는 군악대가 행진하는 장면이고, 다른 하나는 새 떼가 하늘을 날아가는 장면입니다. 연습이 잘된 군악대는 마치 한 몸처럼 움직입니다. 새 떼도 마찬가지입니다. 한쪽으로 날다가 갑자기 방향을 바꾸는데 마치 한 마리가 나는 것처럼 자연스럽습니다. 어떻게 수천 마리가 한 마리처럼 날 수 있는지 탄성이 나올 정도로 아름답습니다(아래 유튜브 영상을 꼭 보세요).

한 몸처럼 움직인다는 점에서 둘은 비슷합니다. 하지만 근본적인 차이가 있습니다. 퍼레이드를 펼치는 군악대원들은 맨 앞에 있는 군악대장의 신호에 맞춰 연주하며 행진합니다. '두 번째 후렴구가 시작될 때 관악기 연주자들은 하늘을 향해 악기를 든다' '지휘봉을 가로 방향으로 치켜들면 네 박자 뒤에 동시에 연주를 멈춘다' 하는 식의 약속을 합니다. 까먹지 않고 미리 정한 대로 움직이면 퍼레이드는 '성공'입니다. 퍼레이드는 전적으로 리더의 지시에 따릅니다. 약속과 반복 연습, 리더의 명령에 따라 움직입니다. 가운데서 행진하던 대원이 약속도 하지 않았는데 왼쪽으로 방향을 틀면 퍼레이드는 엉망진창이 될 겁니다.

세 떼가 날아가는 '내셔널지오그래픽' 유튜브 영상 갈무리 화면과 QR코드.

새 떼에는 지휘자가 없습니다. 미리 약속된 것도 없고 호루라기를 부는 새도 없습니다. 그런데도 새 떼의 움직임을 보면 예측불허, 변화무쌍, 자유자재입니다. 갑자기 방향을 정반대로 틀기도 하고 하늘로 치솟기도 합니다. 방향을 틀면 맨 앞에 있던 새가 갑자기 맨 뒤에 있게 됩니다. 사전 약속도 없고 대장도 없습니다. 그런데도 교통사고 하나 나지 않고 자유롭게 납니다. 새들은 어떻게 이렇게 날 수 있을까요? 과학자들에 따르면, 새 한 마리가 방향을 틀면 가장 가까이에 있는 새들이 곧바로 그걸 알아차리고 같은 방향으로 움직인다고 합니다. 그 반응속도가 0.015초밖에 안 걸린다네요. 옆에서 날아가는 동료 새의 변화를 알아차리는 것과 거기에 반응하는 것이 거의 동시에 일어난다는 뜻이죠.

글쓰기는 법칙보다 감각

글쓰기도 마찬가지입니다. 어떤 공식이나 지침에 따라 글을 쓸 수 없습니다. (저를 포함해서) 글쓰기 선생의 잔소리에 신경 쓰지 말고, 자신이 얼마나 글쓰기 감각을 키우는지에 집중해야 합니다. 예를 볼까요. 다음 글을 읽고 '고칠 곳'(!)을 찾아보세요.

길은 지금 긴 산허리에 걸려 있다. 밤중을 지난 무렵인지, 죽은 듯이 고요한 속에서 짐승 같은 달의 숨소리가 손에 잡힐 듯이 들리며, 콩 포기와 옥수수 잎새가 한층 달에 푸르게 젖었다. 산허리는 온통 메밀밭이어서 피기 시작한 꽃이 소금을 뿌린 듯이 흐뭇한 달빛에 숨이 막힐 지경이다.

글쓰기 선생이라면 "문장이 좀 길군. 밑줄 그은 부분에 대해 '~듯이, ~같은' 따위가 자주 반복되니 지우는 게 어때?"라고 할 겁니다. 그런데 어쩌죠. 이 글은 이효석의 단편소설 〈메밀꽃 필 무렵〉의 한 대목입니다. 달빛에 비친 메밀꽃밭의 정경을 묘사하고 있습니다(역시 글쓰기 선생은 쓸모없습니다).

하나 더 볼까요? 시인들의 시인이라 불리는 백석의 시 〈목구木具〉의 한 대목입니다. 시라 생각 말고 문장으로 읽어주시기 바랍니다.

내 손자의 손자와 손자와 나와 나의 할아버지와 할아버지의 할아버지와 할아버지의 할아버지의 할아버지와… 수원백씨(水原白氏) 정주백촌(定州白村)의 힘세고 꿋꿋하나 어질고 정 많은 호랑이 같은 곰 같은 소 같은 피의 비 같은 밤 같은 달 같은 슬픔을 담는 것 아 슬픔을 담는 것

어떤가요? 놀이하듯 말이 계속 이어지죠. 마지막에는 '같은'

이란 말이 여섯 번이나 반복돼 한눈에 뜻을 알아차리기조차 어렵습니다. 글쓴이는 제사 도구인 나무 그릇이 조상과 후손을 끈질기게 이으면서 그들의 '슬픔을 담는 것'이라 합니다. (건방지게 말해서) 꽤 괜찮은 문장이군요. 이 문장은 그저 하나의 사물이나 사건을 객관적으로 가리키는 데 그치지 않습니다. 문장을 통해서 평소와 전혀 다른 시간의 감각, 평소보다 훨씬 두터워진 시간을 체험하게 만듭니다. 목구 안에 이렇게 긴 시간이 담겼다니요. 이 정도 길이의 문장이라야 그 장구한 시간을 담는데 가장 어울리지 않을까 싶네요.

71개 단어를 한 문장에 담은 이유

저도 어느 칼럼에서 판소리처럼 끊어질 듯 끊어지지 않고 이어지는 문장을 (일부러) 쓴 적이 있습니다. 800자 남짓한 길이에 198개의 단어를 썼는데 딱 다섯 문장으로 썼습니다. 한 문장에 무려 71개나 되는 단어를 썼습니다(저는 보통 한 문장에 단어를 7~10개 정도 씁니다).

걸핏하면 화내는 사람은 주변 인심을 잃을지는 몰라도 자기감정을 시원 방탕하게 배설하니 무병장수할 공산이 큰 반면에, 당하는 사람은 치밀어 오르는 분노와 억울함을 삭일 길 없어 몸에선 열이 나고 초점 잃은 눈으로 기운 없이 고개를 떨구었다가 이내 허공 위로 긴 한숨을 내뱉고는 답답한 가슴을 팡팡 치기도 하고 맥없이 드러누워 있다가 급작스럽게 벌떡 일어나기를 거듭하며 입이 깔깔하고 볼살이 빠지며 주름은 깊어지는데 예전엔 머리에 흰 띠를 두르고 자리에 눕는 걸로 시위라도 했건만 이젠 그마저도 보기 어려워졌다.

― 김진해, 〈왕의 화병〉, 《한겨레》, 2023년 9월 7일.

왜 그랬을까요? 이 글을 쓸 때 세상 돌아가는 일에 울화가 치밀었습니다. 그런데 그저 '화난다'라거나 '화를 받아내는 건 힘든 일이다' 정도의 문장으로는 도저히 치밀어 오르는 울화를 담을 수 없겠다 싶었습니다. 어떤 문장을 쓸 건가. 어떤 문장으로 전환해야 어울릴까를 고민했습니다.

글을 잘 쓰려면 사건을 잘게 쪼개는 데서 시작해야 한다며, 다음과 같이 긴 문장을 쓰기도 했습니다.

조금밖에 남지 않은 치약을 양 손가락으로 눌러 낡아 뭉개진 칫솔 위에 짜 윗니부터 아랫니로 앞니에서 어금니 쪽으로, 마지막으로 헛구역질을 하며 엷게 낀 혀의 백태를 닦고 수도꼭지에 얼굴을 왼쪽으로 돌려 물을 한 모금 머금은 다음에 올칵올칵 입을 헹구고는 고개를 들어 거울을 보며 혀를 날름 내밀어보았다.

- 김진해, 〈아버지의 글쓰기〉, 《한겨레》, 2021년 8월 22일.

그런데 앞의 문장을 다음처럼 쓰면 어떤 느낌이 드나요? '이를 닦았다.' 군더더기 없이 깔끔하죠. 앞의 문장이 불필요하게 말을 질질 늘이고 있다면, '이를 닦았다'는 명료하고 강직해 보이기까지 합니다. 아침 이슬을 머금은 풀잎처럼 청명합니다. 상황에 따라 왔다 갔다 합니다.

온몸으로 밀고 나가야 하는 작품처럼

글쓰기를 이미 생활의 일부로 여기거나 생활과 비슷한 거로 생각하는 사람이 많습니다(문자나 채팅을 많이 해서 그럴 겁니다). 생활에서 어떤 지혜를 찾아 쓰는 것이라고 보기도 합니다. 아닙니다. 글쓰기는 생활이 아닙니다. '예술'입니다. 다른 예술이 그렇듯이 생활을 배반하고 생활에 저항합니다. 어떻게 저항할까요?

그 답을 시인 김수영에게서 찾을 수 있습니다. 김수영은 〈시작노트 2〉라는 글에서 자신이 생각하는 시의 형식과 내용에 대해 자기 생각을 밝힌 적이 있습니다. 알쏭달쏭합니다. 먼저 형식에 대해서는, '나는 시의 형식 문제에 대해 지극히 등한하다. 형식은 '투신'만 하면 간단히 해결될 수 있는 것이기 때문이다'라고 하더군요. 아, 그럼 내용에 집중하나보다 하고 내용에 대한 언급을 읽어보면 이런 말을 합니다. '나는 내용에 대해 고심해 본 일이 없다. 나의 가슴은 언제나 무無. 이 무 위에서 파괴와 창조가 동시에 이루어진다.' 어쩌란 말입니까. 형식도 내용도 고려하지 않는다니.

그러곤 이어서 이상한 얘기를 합니다. '앞으로 남은 문제는 어떻게 하면 생활을 더 심화시키는가 하는 것이다.' 여기서 '생활을 심화시킨다'라는 말은 먹고사는 일에 더 집중하겠다는 뜻이 아닙니다. 글을 쓰는 일이 허공을 휘저으며 거창한 얘기를 하는 일이 아니기 때문에, 비루한 자기 삶을 더욱 용기 있게 관찰하겠다는 뜻입니다. 생활에서 오는 고통과 절망과 비관에 더 다가가겠다는 다짐입니다. 그에게 시를 쓰는 일은 머리로 하는 것도, 심장으로 하는 것도 아닙니다. '온몸으로 밀고 나가는 것'입니다. 여러분의 글도 온몸으로 밀고 나가야 할 '작품'입니다.

화가는 그림을 그릴 때 물감으로 할지, 유화로 할지, 파스텔로 할지 재료를 고민합니다. 재료가 그림의 질감과 정취를 결정합니다. 재료는 수단이라기보다는 목적입니다. 즉, 형식 속에 내용이 녹아 둘을 분리하는 게 불가능해집니다. 그림에서 재료가 그렇다면, 글쓰기에서는 문장이 그런 역할을 합니다.

어떤 글이 아니라 어떤 '문장'

중요한 문제는 '길이와 상관없이 문장만으로 그걸 읽는 독자가 감각적인 즐거움을 느낄 수 있느냐', 다시 말해 '내 문장에 서러움, 비탄, 상실감, 패배의 감정이 있느냐' 하는 문제겠죠. 서러움이 없으면 문장이 나오지 않습니다(제가 글을 잘 못 쓰는 이유이기도 합니다).

글쓰기에 대한 감각은 문장에 대한 감각입니다. 세상을 어떻게 보느냐도 중요하겠지만, 세상과 생각을 어떻게 문장에 담을 건가를 고민해야 합니다. 세상이 목적이 아닙니다. 글이 목적입니다. 문장이 목적이지, 설득이나 교훈 같은 효과가 목적이 아닙니다.

그러니 한 편의 글에는 적어도 하나의 남다른 문장이 있어야 합니다. 이 세계가 굴러가는 규칙과는 다른, 예술의 경지에 육박한, 밑줄을 긋고 싶은 문장이 있어야 합니다. 글을 쓴다는 건 내 안에서 좋은 문장을 하나 뽑아내는 겁니다.

앞에서 군악대 퍼레이드와 새 떼 얘기를 길게 했는데요. 우리에겐 새 떼의 감각이 필요합니다. 글의 시작을 어떻게 하라는 둥, 강조하고 싶은 대목은 어떻게 하라는 둥, 문장의 길이는 어느 정도가 좋다는 둥의 말은 한 귀로 듣고 한 귀로 흘리세요. 대신 내 생활세계를 어떻게 문장으로 감응할까, 이 상황을 문장으로 바꾼다면 어떻게 할 수 있을까를 생각하는 겁니다. '어떤 글'이 아닙니다. '어떤 문장'입니다. 그럴 수만 있다면 여러분은 예술로서의 글쓰기를 할 수 있습니다.

예술은 이 세상에 단 하나뿐인 걸 보여주는 겁니다. 우리는 이 세계 안에서 허우적거리며 살지만, 글을 통해 이 세계를 초월하고 넘어섭니다. 예술은 단독성을 추구합니다. 공통성을 추구하는 건 예술이 아닙니다. 우리 평범한 사람들이 쓰는 글도 예술이어야 합니다.

격언처럼 명료하게 떠올릴 수 있는 문장이면 길이는 중요하지 않습니다.

어떤 장면은 자꾸 나를 잡는다

요즘 저는 저희 딸 때문에 걱정이 태산입니다. 몇 달 전에 운전면허를 따더니 틈만 나면 "내가 운전할게!" 하면서 운전석에 앉습니다. 조수석으로 밀려나 운전하는 걸 보고 있자면 열불이 납니다. 엉금엉금 느리게 달려 뒤에 오는 차들이 밀리는 걸 보면 속이 타고, 차선을 벗어나거나 한쪽으로 치우칠 때마다 사고가 날 것 같아 조마조마합니다. 주차할 때는 옆 차를 긁을 거 같아 다리에 힘이 들어가고 신경이 곤두서고 목소리가 앙칼지게 됩니다.

제가 초보 때는 더했습니다. 자동차를 처음 사서 시험 삼아 집에서 학교까지 가는 데 시동 끄기와 걸기를 반복하면서 무려

1시간이 걸렸습니다. 거리가 얼마였냐면, 1.5킬로미터였습니다. 15킬로미터가 아니고요. 지금은 눈에 낀 안경처럼 차가 신체의 일부가 되어 자유자재로 운전합니다만.

무엇이 능숙함의 차이를 만드는가

능숙한 운전자는 한쪽만 보지 않습니다. 성능 좋은 카메라처럼 한쪽을 보면서도 다른 쪽을 신경 씁니다. '이 각도로 우회전하면 뒷바퀴 부근이 전봇대에 긁히겠다. 더 크게 돌자.' '저 차는 깜빡이를 켜지 않았지만 끼어들 태세군.' 도로 위에서 벌어지는 여러 상황을 전체적으로 이해합니다. 반면, 초보 운전자는 한쪽을 신경 쓰면 다른 쪽을 보지 못합니다. 앞은 빠져나가지만 뒤가 부딪힙니다. 적절하게 반응하지도 못합니다. 내비게이션에서 전방 400미터 앞에 제한속도가 시속 30킬로미터인 도로가 나온다는 목소리가 나오면 곧바로 브레이크를 밟으니 뒤차가 깜짝 놀라 빵빵거립니다.

운전을 거듭하다 보면 조금씩 익숙해지고 노련해지겠죠. 관건은 시야입니다. 눈앞에 펼쳐지는 상황을 얼마나 넓은 시야로 동시에 파악하고 감각적으로 반응할 수 있는지가 능숙함의 차이를 만듭니다.

가부좌를 틀고 참선하는 수도자에게도 시선이 문제가 됩니다. 눈을 감으면 잠이 몰려오고, 한 지점만 집중해 쳐다보면 거기에 얽매이게 되어 망상에 빠지게 됩니다. 뜬 듯 만 듯한 눈으로 전체를 받아들여야 합니다. 시야를 최대한 넓게 가지되 어느 하나에 매이지 않고 모든 걸 감각하겠다는 마음이어야 하죠. 시야를 점점 넓혀 등 뒤의 사물도 알아차리겠다는 '깨어 있음'의 자세라고 할까요.

문장, 세계를 조직하는 패턴

주차하는 법을 익히듯이, 문장 쓰기를 더 다뤄보겠습니다. 모든 움직임엔 기본적인 형식이 있습니다. 어떤 분야에서 달인의 경지에 오른 사람은 그 분야의 기본 형식을 무한 반복하여 어떤 상황에서든 맞춤한 방식으로 대응합니다. 체화體化, 즉 몸에 배어 자기 것이 됐죠. 이것을 '패턴'이라고 부를 수도 있습니다. 우리 앞에는 무한대에 가까운 복잡성이 놓여 있습니다. 인간은 현실의 복잡성과 다양성을 포기하지 않되, 그것을 무질서하게 놓아두지는 않습니다. 모든 생명체는 자신이 접하는 세계를 무심하게 놔두지 않습니다. 자신의 세계와 끊임없이 관계를 맺습니다. 거기에서 모종의 질서를 만들어냅니다. 그 질서는 구성요소들을 따로 분리하지 않고 관계의 망으로 연결하면서 생깁니다.

야구가 뭔지 모르는 사람이 처음 야구장에 갔다고 합시다. 운동장에는 1루, 2루, 3루, 홈, 투수 마운드, 스트라이크 존, 타자석, 파울라인 등등이 보입니다. 그런데 이러한 각각의 요소가 맺는 관계와 기능을 모르면, 그게 뭘 뜻하는지 전혀 알 수 없습니다. 야구는 매 경기가 절대로 같을 수 없지만, 그 속에 예측 가능한 흐름이 있습니다. 그게 패턴입니다. 생명체 전체를 생각해보면 '규칙'이라는 고정적인 말보다는 '패턴'이란 유연한 말을 쓰는 게 적절해 보입니다. (인간만이 패턴을 인위적으로 조작하거나 이미 있는 패턴을 일부러 어기고 새로운 패턴을 만들어냅니다. 모든 창의성이나 아름다움은 기성의 패턴을 흔들거나 다른 것과 함께 배치하는 데에서 나옵니다.)

패턴은 여러 요소가 관계를 맺고 배열되는 방식입니다. 이 관계 맺음이 없으면 요소는 존재할 이유나 가치가 없습니다. 글쓰기(언어)로 좁혀 말해볼게요. 글쓰기의 최소 단위는 단어가 아니라 문장입니다. 인간은 문장보다 작은 요소인 단어를 사용해 문장으로 이 세계를 새롭게 조직합니다. 단어만 있으면 이 세계는 새롭게 '조직'되지 않습니다. 단어들을 어떻게 문장으로 조직하는지에 따라 이 세계는 다르게 읽힙니다.

문장을 길게 쓴다는 것은

눈앞에 어떤 일이 벌어졌다고 생각해보세요. 예를 들어 당신은 이제 막 식당에 들어섰습니다. 누구는 밥을 주문하고, 누구는 밥을 먹고 있고, 누구는 음식을 나르고 있고, 누구는 화장실이 어디냐고 묻고 있고, 누구는 깍두기를 더 달라고 말하고 있고, 누구는 계산대 앞에서 카드를 내밀고 영수증을 받으면서 이쑤시개 하나를 뽑고 있을 겁니다.

이렇게 눈앞에서 벌어지는 사건을 인간은 간단하게 세 가지 언어적 요소로 바꿉니다. 행위자(그 행위를 하는 주체), 행위의 대상, 행위.

나는 - 책을 - 읽는다.
행위자 | 대상 | 행위

이 세 가지는 세계를 언어적으로 조직하는 핵심 요소입니다. 그걸 조합하면 문장이 됩니다. 그게 인간이 세계를 이해하는 인간적 방식이자 패턴입니다.

그런데 글쓰기에서 잘 안 다루는 패턴이 있습니다. 보통 글쓰기 책에서는 문장을 짧게 쓰라고 합니다. 한 문장에는 하나의 생각이 담기게 하고, 주어와 서술어가 하나만 들어가는 게 좋다고 합니다. 반대 방향으로 가보죠. 문장을 길게 쓰기!

여기 아주 흔한 문장 하나가 있습니다.

그가 의자에 앉았다.

이 문장을 길게 늘여보세요. 어려운가요? 문법책에 나오듯이 주어나 서술어를 수식하는 표현을 덕지덕지 붙여보라는 뜻이 아닙니다. 이 사건과 연결된 다른 정보를 함께 떠올리고 이를 논리적으로 연결해보라는 뜻입니다.

아무런 추가 정보를 주지 않은 채 뭔가를 덧붙이라고 하면 막막한 게 당연합니다. 식당에서 벌어진 장면이라고 하고 써보죠. 이런 식입니다.

면도날처럼 예리하게 초승달이 떠 있는지도 모르고 불콰한 얼굴로 졸아붙은 두부전골을 앞에 두고 막걸리 잔을 기울이던 손님들이 텔레비전에서 흘러나오는 연쇄살인범의 체포 소식을 일그러진 표정으로 쳐다보고 있을 때, 사랑하는 사람을 여읜 것처럼 초점 잃은 눈으로 문을 열고 들어온 그가 아무렇게나 던져진 가방처럼 의자에 앉았다.

물론 문장을 다음과 같이 몇 개로 쪼갤 수도 있습니다.

초승달이 떴다. 면도날처럼 예리하다. 손님들은 졸아붙은 두부전골을 앞에 두고 막걸리 잔을 기울였다. 모두 불콰한 얼굴이다. 텔레비전에서는 연쇄살인범의 체포 소식이 흘러나왔다. 손님들은 일그러진 표정으로 그 뉴스를 쳐다본다. 그 순간 그가 문을 열고 들어왔다. 아무렇게나 던져진 가방처럼 의자에 앉았다. 사랑하는 사람을 여읜 것처럼 초점 잃은 눈이었다.

이렇게 하지 않고 문장을 길게 쓰는 이유가 있습니다. 이 문장은 결국 '그가 의자에 앉았다'라는 말을 하고 있습니다. 그런데 그 말을 단도직입적으로 하지 않고 있습니다. 이게 문장을 길게 쓰는 이유입니다. '하고 싶은 말을 바로 하지 않으면서 얻는 효과' 같은 것이죠.

장면의 의미를 더 깊게

'그가 의자에 앉았다'라는 사건(행위)을 다른 사건(행위)과 무관한 것으로 분리하지 않고, 그 행위가 일어나는 시간과 공간, 그 행위와 동시에 벌어지는 장면, 그 행위 앞 또는 뒤의 장면, 인과관계 등을 서로 잇고 관계 맺게 함으로써 정말로 하고 싶은 말을 지연시키는 겁니다. 냉큼 말해주지 않으니 독자는 입이 마르죠. 대신 그가 의자에 앉는 장면이 더 입체적으로 바뀝니다. 다른 장면도 함께 보여줌으로써 같은 시간에 벌어진 일인데도 꽤 많은 일이 벌어진 것 같습니다. 이렇게 한 문장으로 쓰면 여러 상황이 유기적으로 또는 논리적으로 연결됩니다. 이제 초승달이 뜬 시간과 막걸리 잔을 기울이는 손님들과 텔레비전에서 나오는 방송은 '그가 의자에 앉았다'라는 핵심 메시지와 한 덩어리가 되어 새로운 의미를 만듭니다.

길게 쓴 문장은 선물을 정성껏 감싼 포장 같습니다. 매번 그러면 실속 없는 겉치레가 되지만, 소중한 사람에게 선물하면서 주머니에서 덜렁 목걸이만을 꺼내 주지는 않습니다. 포장을 뜯을 때 갖게 되는 기대감과 궁금증을 함께 선물하는 겁니다. 그럴 때 곱게 싼 포장은 선물의 일부입니다.

문장을 길게 쓴다는 것은 필요 없거나 중요하지 않은 정보를 덕지덕지 붙인다는 뜻이 아닙니다. 그 행위를 둘러싼 시공간, 전후 상황, 동시적 상황, 여러 사건 중에서 어떤 것이 우위에 있는지를 한 문장에 담는다는 뜻입니다.[*]

위의 문장은 막걸리 잔을 기울이는 손님이나 텔레비전에서 나오는 범인 체포 소식을 함께 언급함으로써 '그가 의자에 앉는 장면'을 각별하게 만듭니다. 흔히 접하는 상황 속에서 던져

---

[*] 스탠리 피시 지음, 오수원 옮김, 《문장의 일》, 월북, 2019년.

진 가방처럼 의자에 앉는 그의 모습은 묘한 대비를 이룹니다. 그가 의자에 앉는 장면의 의미를 더 깊게 만듭니다.

독자를 더 오래 머물게 하는 법

길게 쓴 문장은 하나의 사건을 곧바로 말하지 않고, 그것과 연결된 사건을 일부러 함께 보여줌으로써 벌어진 사건을 단순화하지 않고 장면을 쉽게 넘기지 않게 만듭니다. 그 장면에 좀 더 머물라고, 조금만 더 있다가 가라고 손목을 잡습니다. 글은 독자를 머무르게 하는 것이니 문장을 길게 쓰는 것도 익혀봄 직합니다.

운전 연습을 하듯이, 긴 문장 쓰기도 반복하다 보면 능숙해질 겁니다. 시공간, 인과, 동시적 장면 등을 떠올리면 됩니다. (더 능숙해지면 아주 멀리 있는 것까지 문장 안에 버무릴 수 있을 겁니다. 이를테면, 3부에서 이야기할 비유라든가.)

'적확한' 단어 찾기

글쓰기를 얘기할 때 빠지지 않고 등장하는 '무서운' 인물이 있습니다. 소설 《보바리 부인》을 쓴 귀스타브 플로베르인데, 그는 제자들에게 이렇게 얘기했다고 합니다.

'이 세상에는 수많은 모래알과 수많은 별과 수많은 파리와 수많은 나뭇잎이 있다. 그러나 그중에 똑같은 두 개의 모래알이나 똑같은 두 개의 별, 똑같은 두 개의 파리, 똑같은 두 개의 나뭇잎은 없다. 그것은 모두 다 제 나름대로 독특한 모양을 갖고 있다. 이 세상에는 수많은 단어가 있다. 그러나 이 모래알이나 별, 나뭇잎을 표현하는 데 꼭 알맞은 말은 하나밖에 없다.'

다른 글에서도 '하고 싶은 말이 무엇이든지 간에 사물에는 오직 하나의 명사, 움직임에도 오직 하나의 동사, 그것을 형용하는 데도 오직 하나의 형용사가 있을 뿐이므로, 작가는 하나밖에 없는 이 말을 찾아내야 한다'며 다그칩니다.

단어와 사물이 맺는 관계

하나의 사물을 가리키는 '가장 적확한 단어 하나'를 찾으라는 말인데, 이런 주장을 '일물일어설—物—語說'이라고 부르더군요. 이런 말을 들으면 글쓰기를 시작하기도 전에 지레 겁먹게 됩니다. 과도한 완벽주의라고 할까요? 자신이 쓴 단어가 '가장 적확한 단어'라고 아무도 자신할 수 없습니다. 누가 보증해줄 수 있는 것도 아닙니다. 아무도 모르지만 그래도 있다며 찾으라고 하니, 막막하고 두렵군요.

그가 작가의 감정 개입을 거부하고 당대 현실을 무심할 만큼 객관적으로 탐색한 사실주의 작가라는 점에서 저 말은 하나의 사물에 고정불변의 본질이 있고 거기에 완벽히 들어맞는 단어가 반드시 있다는 뜻으로 읽히지는 않습니다. 정확한 표현을 찾기 위한 노력을 포기하고 '뜻만 통하면 되는 거 아냐?'라며 대충 눙치고 넘어가지 말라는 뜻이겠죠.

다만, 문장에 뿌려지는 단어는 '사물'과 일대일 관계로만 정해지는 게 아닙니다. 훨씬 복합적이죠. '사물'과 '단어'의 관계뿐만 아니라, '단어'와 '단어'의 관계도 중요합니다(앞뒤에 어떤 단어가 왔는가?). '단어'와 '작가'의 관계도 중요합니다(어떤 메시지와 정서를 표현하고 싶은가?). '단어'와 '독자'의 관계도 고려해야 합니다(이 글을 누가 읽는가?).

예를 들어, 얼마 전에 이런 문장을 쓴 적이 있습니다.

학생이 낭창낭창한 목소리와 초롱초롱한 눈매로 발표를 하면, 나는 '뻔뻔하게 발표를 잘한다'고 칭찬한다.

'낭창낭창한 목소리'와 '초롱초롱한 눈매'란 표현을 갖고 고민을 했습니다. '낭창낭창하다'라는 말이 학생의 목소리를 잘 표현하는 단어인지 자신이 없었습니다. '당당한, 또렷한, 분명한' 따위를 떠올려봤지만, '낭창낭창하다'라는 말보다 '적확해' 보이지는 않더군요. '초롱초롱한'은 앞에 '낭창낭창한'이 있기 때문에 쓴 단어입니다. 운율을 맞추기 위해 이 단어를 쓰지 않을 수 없었습니다.

물론 수식어 없이 건조하게 '학생이 발표를 잘하면'이라거나 '학생이 자신감 있게 발표하면'이라고 써도 됩니다. 하지만 뒤에 오는 '뻔뻔하게 발표를 잘한다'는 말의 반어적 효과를 높이기 위해서는 발표가 멋졌음을 강조할 필요가 있었습니다. 독자들이 글을 읽는 리듬감에서 오는 즐거움도 주고 싶었고요. 이렇듯 단어 선택에는 복합적인 동기가 발동합니다.

이러고 보니 일물일어설보다는 '일물다어설―物多語說'을 주장하고 싶어지는군요(누가 들어주기나 하려나?). '하나의 사물을 나타내는 적확한 단어는 여럿이다.' '나뭇잎'이라는 단어도 그 말이 쓰인 맥락, 단어가 주는 어감, 문장 속에서 풍기는 말맛과 문체적 효과, 글쓴이의 의도나 정서에 따라 '이파리' '잎사귀' '잎쪼가리'라고 해도 될 것입니다. 사람도 그렇듯이, 단어도 혼자서는 살지 못해서 결국 글 안에서 다른 단어와 서로 관계를 맺으면서 의미를 '쌓아나가는' 것입니다. 가장 쉽고 평범한 단어도 어디에 놓이느냐에 따라 두터운 의미를 가질 수 있다고 믿어야 누구나 글을 쓸 수 있습니다.

'적확한 단어 찾기'는 태도의 문제이지 '어딘가에 하나의 정답이 있다'라는 얘기가 아닙니다. 적확한 단어를 찾는 사람은 익숙한 단어도 생경하게 대하는 태도를 가져야 할 것입니다. 마음에 드는 단어를 쓰고 나서 그걸로 만족하는 게 아니라, 나도 알 수 없는 '플러스알파+α'가 존재한다는 결여감, 미완성의 찜찜함, 좌절의 감정을 잃지 말자는 겁니다.

적확한 단어는 하나가 아니다

그런데 플로베르의 '일물일어설'을 곱씹다 보면 전혀 다른 곳에 눈길이 갑니다. 보통은 '적확한 단어 찾기'(일어)를 강조하는데, 저는 '사물'(일물)에 신경이 더 쓰입니다. 글을 쓰면서 느끼는 좌절감은 적확한 단어보다는 '사물'에 대한 '감각 없음'에서 비롯됩니다. '일물—物'은 세계를 이루는 모든 것입니다. 사물 외에도 사건, 현상, 경험, 생각, 감정 등 모든 게 포함되죠. 글을 쓰려는 사람에게 제일 큰 문제는 '내가 이 세계를 잘 느끼지 못하는 것' 아닐까요? 플로베르 얘기를 더 해보죠.

청년 시절, 기 드 모파상이 플로베르를 찾아가 제자로 삼아달라고 간청합니다. 대뜸 플로베르가 묻습니다. "어느 층계로 올라왔는가?" "나무 층계로 올라왔나이다." "층계가 몇 개던가?" "잘 모르겠사옵니다." "그래? 그러면 자네는 소설가가 될 수 없네." 깜짝 놀란 모파상은 얼른 밖으로 뛰어나가 계단 수를 세어보고 와서 36개라고 답합니다. 그러나 플로베르는 멈추지 않고 "일곱 번째 계단에서 뭘 발견했는가?"라고 묻습니다. 허겁지겁 다시 가서 보니 일곱 번째 계단에는 못이 빠져 있었습니다. 못이 빠져 있더라고 대답하자 플로베르는 "거기에서 어떤 소리가 나던가?"라고 묻습니다. 모파상은 그 소리를 들으려고 못이 빠진 계단을 수십 번 밟아봤다고 합니다.

어떻습니까? 괴팍하죠. 하지만 이렇게 말할 수 있을 겁니다. 글 쓰는 사람이 갖춰야 할 제1의 덕목은 '세계를 감각하기 위한 집요함'이라는 것. 아무리 평소엔 흐리멍덩하게 지내더라도, 글을 쓸 때는 이 세계를 감각하려고 자신을 쥐 잡듯이 몰아세워야 합니다.

이렇게 몰아세우다 보면, 우리의 단어(언어)가 이 세계를 표현하기엔 턱없이 빈약함을 알게 됩니다. 말로 포착되지 않은 채 지나쳐버린, 언어라는 표면 저 아래 심연에서 꿈틀거리는 세계가 있습니다. 외국어를 만나면 실감하게 됩니다. 우리도 '함께 식사를 마친 뒤에 자리를 뜨지 않고 빈 그릇을 앞에 둔 채 이야기를 나누는 시간'이 있죠. 스페인어에서는 이걸 '소브레메사 sobremesa'라는 말로 부르더군요. '사랑했지만 돌이킬 수 없이 망가졌거나 더는 존재하지 않는 것에 대한 찬란한 슬픔'(포르투갈어 '사우다드 saudade')이나, '사랑하는 사람의 머리카락을 손가락으로 부드럽게 빗어 내리는 일'(포르투갈어 '카푸네 cafuné')을 나타내는 단어가 있다니 놀랍습니다.[*] 몰랐던 말을 알게 되니 놓쳤던 세계가 분명해집니다. 허술한 말에 가려져 지나쳤던 세계!

---

[*] 마리야 이바시키나 지음, 김지은 옮김, 《당신의 마음에 이름을 붙인다면》, 책읽는곰, 2022년.

말을 몰라 놓쳤던 세계

여기서 한 걸음 더 나아가 존 케닉이란 시인은 《슬픔에 이름 붙이기》라는 책을 통해 우리도 한 번쯤 마주쳤던 감정과 상황에 새로운 이름을 붙여주는 작업을 했습니다. 미처 언어화하지 않은 '일물'(사물)을 찾아 모은 것이죠. 예컨대, '비행기 창문을 통해 세상을 내려다보며 느끼는 천상의 기분'(보란더 volander)에서 시작해, '주변의 모든 사람이 그들 자신 이야기의 주인공이라는 깨달음'(산더 sonder), '독창성은 더 이상 가능하지 않다는 두려움'(베이모달렌 vemödalen), '당신이 원하는 삶과 당신이 살고 있는 삶 사이에서 어쩔 줄 모르는 기분'(오즈유리 ozurie) 같은 것들이요.

'일물일어설'의 핵심은 '일물'입니다. 나에게 '이 세계(사물)에 대한 감각과 감응이 있느냐'의 문제입니다. 나에게 못 빠진 계단의 소리를 들을 정도의 감도가 있는가? 그 감각이 있다면 '삐걱'이든 '뿌지직'이든, '뚜두둑'이든 상관없습니다. 저는 그런 감각이 없어 슬픕니다. 여러분은 어떠신가요?

내 글을 정박시키는 법

유기농 농산물을 판매하는 '한살림' 매장에 가면, 포장지에 붙은 상표 때문에 피식피식 웃음이 나옵니다. '상품' 자체가 '상표' 거든요. 그냥 내용물이 상품명입니다. 봉지 안에 들어 있는 게 쌀이면 겉봉투에 '백미' '현미', 우유면 '유기농 우유', 쌀과자면 '쌀과자', 엿강정이면 '들깨 엿강정'이라고 돼 있습니다. 그렇지 않다면, 기껏해야 만드는 법을 곁들인 '바삭한 감귤' '반건조 무화과' '냉동 딸기' 정도입니다. 당최 상품명을 뭐로 할지 고심한 흔적이 없습니다. 표리일체, 겉과 속이 같은 거죠. 심심하고 밍밍한 평양냉면 같습니다. 라면도 '감자라면' '비빔라면' '자장라면'이라고 할 뿐, '신라면, 안성탕면, 너구리, 짜파게티'처럼 고유한 상표를 붙이지 않습니다. 달팽이처럼 그럴듯한 껍질(제목)로 화장하지 않습니다. 이것도 하나의 전략이라 할 수 있습니다. 포장에 신경 안 쓰고 제품 내용물을 있는 그대로 보여주는 것. 농산물을 거래하는 상품으로만 보지 말고 몸을 돌보는 먹거리로 보라는 뜻이기도 할 테고요. 화려한 포장으로 물건을 팔지 않겠다는 의지도 엿보입니다.

제목이라는 예인선

글도 그렇게 봐주면 좋겠죠? 제목은 좀 평범하더라도 흔쾌히 글을 읽어주면 좋으련만. 글 속에 놀라운 얘기가 들어 있는데…. 하지만 입장을 바꿔 우리가 독자라면 어떨까요. 우리도 제목만 보고 계속 글을 읽을지 말지 결정합니다. '읽기'라는 관문은 생각보다 낡고 단단히 잠겨 있어 제목이라는 열쇠가 없으면 들어가기 어렵습니다. 안타깝지만 어쩔 수 없습니다. '그 사람이 쓴 글은 뭐든지 읽겠다' 하는 전적인 신뢰와 충성심이 없는 한, 제목을 보고 읽을지를 판단합니다.

글의 내용도 그렇지만, 제목도 그 자체로 독특함이나 참신함을 갖춰야 합니다. 한동안 인기를 끌었던 가수 비비의 〈밤양갱〉이란 노래 아시죠? 제목 자체가 흥미를 끕니다. '노래 제목이 '밤양갱'이라고? 내용이 뭘까?' 궁금해집니다. 헤어지자는 애인한테서 '너는 바라는 게 너무 많다'는 얘기를 듣지만, 내가 바란 건 밤양갱 하나뿐이었다는 내용입니다. 이렇게 서로에 대한 생각이 다르니 헤어질 만하죠. 이 노래는 제목이 살렸습니다. 결코 노래 소재로 삼지 않을 것 같은 '밤양갱'이 '내가 원한 것'을 상징하고 대표했습니다. 제목 자체가 참신하니 노래가 듣고 싶어집니다. '밤양갱'의 맛에 대해 아무 말도 하지 않으니 다른 음식으로 바꿔도 상관없습니다. 같은 세 글자인 '순댓국' '소시지' '탕후루' '떡볶이' '마라탕'으로 바꿨다면 어땠을까요? 어색하고 안 어울리죠. 노래의 주제를 생각해서 '사랑'이나 '이별', 또는 '관심'으로 바꾸면 너무 진부했을 테구요.

제목은 '예인선'을 닮았습니다. 예인선은 다른 배를 끌면서도 스스로 떠 있어야 합니다. 다른 배와 연결되지 않은 예인선은 그냥 배일 뿐입니다. 예인선의 동력은 줄을 통해 끌려오는 배에 그대로 전달됩니다. 동력이 과잉되면 강한 장력 때문에 줄이 끊어지거나 풀려서 큰 사고가 납니다. 적당한 장력, 적당한 긴장이 있어야 합니다.

제목과 글도 상호 의존적이지만 적당한 긴장이 필요합니다. 제목은 글을 부르고, 글은 제목으로 응축되어야 하죠. 제목은 글의 내용과 밀착된 듯하지만, 내심 스스로 말하고 싶어 합니다. 기호학자 롤랑 바르트에 따르면, 그림에 붙이는 제목의 역할은 '정박 기능'이라 합니다. 항구에 들어온 배가 떠내려가지 않게 닻을 내리듯이, 제목은 그림을 보는 사람이 아무렇게나 해석하지 않게 상상을 붙들어 매는 기능을 한다는 것이죠.

예를 들어, 조지프 코수스라는 작가는 미술관에 진짜 의자, 그 의자를 찍은 사진, '의자chair'라는 단어의 뜻을 풀이한 판을 동시에 전시해놓았습니다. 관람객은 실물과 이미지와 말 중 어떤 게 '작품'인지 헷갈립니다. 이때 제목이 실마리를 던져줍니다. 작가는 이 작품에 〈하나이면서 셋인 의자One and Three Chairs〉(1965)라는 제목을 붙입니다. 우리 인식이나 생각은 이질적 성격을 갖는 실물과 이미지와 말이 서로 연결돼 형성된다는 걸

조지프 코수스 〈하나이면서 셋인 의자〉. 위키미디어 제공.

보여주는 거겠죠. '아, 의자는 서로 다른 방식으로 나뉘어 있지만 그 셋은 하나로 연결돼 있구나.' 제목은 해석의 길잡이 역할을 합니다. 제목만으로도 메시지를 발산해야 합니다.

글과 밀고 당기는 관계

물론 제목의 효과는 상대적이고 유동적입니다. 글 읽는 사람이 제목에 주목하는지 내용에 주목하는지 확실하지 않기 때문입니다. 제목과 글은 '밀당하는' 관계입니다. 두 가지 감정이 갈등합니다. 글의 내용을 한마디로 응축하려는 욕심과 결국 그 욕심을 다 채울 수 없다는 현실이 팽팽하게 긴장하는 가운데 제목이 튀어 오릅니다.

가장 흔하게 제목을 붙이는 방법은 중심 글감(소재)을 제시하는 것입니다. 글이 무엇을 중심으로 전개될지 예고하죠. 대화에서도 처음 운을 뗄 때 자주 쓰는 방식입니다. '어제 어디를 갔는데', '어제 누구를 만났는데'라고 말할 때의 '어디' '누구'가 중심 글감이 됩니다. 음식에 얽힌 이야기를 쓴다면, '청국장' '도다리쑥국'처럼 자신이 다루는 글감을 제목으로 붙이는 것이죠. 《스타벅스 일기》(권남희), 《사는 마음》(이다희), 《문학이 필요한 시간》(정여울), 《내밀 예찬》(김지선)처럼 책 제목을 붙이는 방식입니다.

흔한 방식이지만 너무 만만하게 보지는 마세요. 철학자 김영민이 쓴 《인간의 글쓰기》라는 책의 제목을 음미해보시기 바랍니다. 700쪽 가까이 되는 두꺼운 책 어디에도 '인간의 글쓰기'라는 대목이 나오지 않습니다. '글쓰기'는 인간만이 하는 행위이니 '인간의'라는 수식어는 군더더기입니다('고양이의 글쓰기'라면 모를까). 군더더기인데도 썼다는 건 그 말이 필요했기 때문이겠죠. 평생 매일 글을 쓴다는 저자는 '글쓰기는 (인간) 삶의 결핍과 어긋남을 드러내는 표식일 수밖에 없다'는 결론에 도달했다는 것입니다. 글쓰기를 삶의 지평과 연결해서 살펴보겠다는 뜻이겠죠. 책을 읽어보니 역시 글쓰기는 '인간의' 글쓰기일 수밖에 없더군요. 꼬치나 산적에 쓰는 꼬챙이처럼 다소 산만하게 펼쳐진 책의 내용을 하나로 관통해 맞춤하게 잘 지은 제목이었습니다.

명사형 제목, 문장형 제목

요즘에는 슬로건처럼 문장 형식으로 주제를 '분명하게' 밝히는 제목을 많이 쓰더군요. 《이야기는 오래 산다》(최재봉), 《엉망으로 열심히 살고 있습니다》(천선란·윤혜은·윤소진), 《가슴으로도 쓰고 손끝으로도 써라》(안도현) 같은 예들입니다. 주제를 '흐릿하게' 밝히는 제목도 유행이더군요.《이름 없는 것도 부른다면》(박보나),《친구 같은 나무 하나쯤은》(강재훈),《지구를 쓰다가》(최우리),《나의 아름답고 추한 몸에게》(김소민) 같은 제목은 일부러 말을 끝맺지 않음으로써 궁금증을 유발하는 효과를 내고 있습니다. 〈북한산에서〉〈92년 장마, 종로에서〉〈가을 우체국 앞에서〉 같은 노래처럼 시공간적인 배경을 제목으로 붙이는 방식도 이런 효과를 기대하는 것이죠.

반드시 그런 건 아니지만, 명사형 제목은 글의 주요 글감이나 핵심어(키워드)인 경우가 많고, 문장형 제목은 그 글에서 궁극적으로 하고 싶은 말(주제문)인 경우가 많습니다. 생활 글쓰기(수필)는 명사형이 흔합니다. 누구를 설득하거나 주장하는 게 아니니까요. 신문이나 잡지에 문장형 제목이 많은 건 핵심 주장을 먼저 보여줘야 바쁘고 까다로운(!) 독자의 눈길을 끌 수 있기 때문이겠죠.

민망한 얘기지만, 저는 연구자로 살다 보니 원고(논문)의 제목이 대부분 '~에 대한 연구'입니다. 기껏 멋을 부린 제목이 '~의 제자리 찾기' '~의 새로운 쟁점' '~을 다시 생각한다' 정도입니다. 전공자가 아니라면 아무도 읽고 싶지 않을 제목입니다. 제가 잡지사에 연재 원고를 보낼 때 붙이는 제목과 실제로 인쇄되어 나오는 제목을 보면 대부분 다릅니다. 저는 주로 명사형으로 보내는데, 편집부에서는 문장형으로 바꾸더군요. 제목을 달아 보내지만, 번번이 데스크에서 제목을 다르게 뽑습니다. 서른두 편의 글 중에서 애초의 제목대로 실린 게 세 편에 불과합니다(타율 9푼4리. 1할대도 안 되니 방출당해도 할 말 없는 실력입니다). 호기심을 자극하는 제목을 붙이는 재주가 없고, 잡지에서 붙이는 제목 스타일에 익숙하지도 않기 때문일 겁니다. 원고 내용의 핵심 글감(소재) 중심으로 제목을 붙이다 보니 별다른 매력을 풍기지 않는 제목만 답니다. 분하게도 번번이 실패합니다.

실제로 한번 볼까요? 따옴표 안의 제목이 제가 붙인 것이고 괄호 안이 잡지사 편집부에서 붙인 것입니다. '글감 찾기'(→ 세상 모든 것은 언제 '진짜 글감'이 되는가), '두 개의 눈, 드러내면서 감추는'(→ 김밥을 말할 때 말하지 않은 것들), '기억과 시간 늘리기'(→ 무도의 시간처럼 던지고 던져져라), '상상력을 자극하는 장면 제시'(→ 당신의 흔한 문장에는 '낯섦'이 있는가), '추상과 구체 넘나들기'(→ '사과'를 보면 '개'가 생각난다고요?), '나는 어떤 문체를 갖고 있나?'(→ 형식이 먼저다. 처음에 형태를 잡고 의미를 담는다), '문장이라는 도깨비'(→ 문장의 길이를 어떻게 할까… 군악대보다 새떼의 감각으로), '글 쓰는 사람의 조건: 시작하는 사람'(→ 아무 목적 없이 시작하면 올지도 몰라 글 쓰는 계기), '주제, 보여주지 않을수록 좋다'(→ 글쓰기 주제는 따오기? 보일 듯이 보이지 않아야 좋다). '살아남은' 제목은 '새로운 말의 세계를 건설하는 망치, 은유' '나쁜 글만이 가슴에 남는다' '시점, 피할 수 없지만 뒤집을 수는 있다' 정도입니다.

어떤가요? 많이 다르죠. 잡지사 편집부에서 다시 뽑은 제목에는 공통점이 있습니다. 모두 본문에 있는 문장에서 뽑았다는 것입니다. 분명히 제가 쓴 원고인데도 저는 거기에서 제목을 찾지 못했습니다. 그게 경험이자 안목입니다. 제목을 달리 뽑으면 내 글을 읽는 사람 수도 달라집니다.

제목은 내용을 넘어선다

그러니 제목에 신경을 쓰지 않을 수 없습니다. 약간 과장하면 '제목이 전부'입니다. 제목은 글의 내용과 연결돼 있으면서도, 분리돼 있습니다. 제목은 내용의 자연스러운 결과가 아닙니다. 이상하게 들릴지 모르지만, 제목은 제목만으로 고유한 의미를 갖춰야 합니다. 콩 심은 데 콩 나고 팥 심은 데 팥 나는 거긴 합니다. 하지만 제목은 추수한 팥 알갱이 하나를 그냥 내놓는 게 아닙니다. 그 팥으로 팥죽이나 팥빵, 팥떡을 만들어 내놓아야 합니다. 팥이 들어 있는 건 분명하지만, 팥에 머무르지 않습니다. 그래서 제목은 내용을 초과합니다. 입에서 수박씨 뱉어내듯이 쉽게 퉤 뱉어지는 게 아닙니다. 쓰기 전이든, 다 쓰고 나서든 시간을 따로 내어 '제목을 무엇으로 달까?'를 고민해야 합니다. 애초에 붙였던 제목도 글의 내용과 잘 어울리는지 고민해야 합니다. 그러면 됩니다.

'쓰기 싫다'에서 출발하는 쓰기

저는 무슨 수를 써서라도 글을 쓰지 않기 위해 태어난 사람입니다. 어떻게 하면 글을 쓰지 않을까 잔머리를 굴립니다. 정말입니다.

제 연구실은 이미 오염돼 있습니다. 이곳은 글쓰기와 독서와 일과 놀이와 휴식이 뒤죽박죽 엉켜 있습니다. 글만 쓸 수 있는 청정무구한 공간을 찾아 학교 도서관 구석진 자리에 갑니다. 오직 글만 쓰겠다는 다부진 각오로 노트북을 켭니다. 그 순간 글 쓰는 데 도움이 될 듯하여 메모해둔 책이 떠오릅니다. 얼른 계단을 내려가 서가로 향합니다.

하기 싫거나, 아주 하기 싫거나

마침 그 책 옆에 원저자가 쓴 원전이 보입니다. '내가 공손룡자를 번역하기로 마음먹은 것은'으로 시작하는 머리말을 끝까지 읽습니다. 책 2권을 빌려 와 자리에 앉습니다. 집에서 싸온 사과와 주스를 지금 먹을지 나중에 먹을지 고민하면서 책상 한쪽에 밀어놓고 스타니슬랍스키의 책 《배우 수업》을 펼칩니다. 아차, 파커 파머의 《역설에서 배우는 삶의 지혜》라는 책도 읽어야겠다 싶어 '함께' 뒤적거립니다.

그 순간 카톡에는 원로학자의 부고 소식과 생협 대의원을 추천해달라는 요청과 프로젝트 준비 소식이 띠링띠링 뜨지만 결연한 의지로 답하지 않습니다. 하지만 이틀 뒤에 있을 회의에 필요한 준비를 위해 행정실장한테 톡을 보냅니다. 신입생을 위한 안내책을 만들어야 하는데, 아직 안 들어온 원고 생각이 나는군요. 공손하고 간절한 어투로 독촉 문자를 보냅니다. 웬만한 연락은 다 했으니, 이제 집중해야 합니다. 그런데 오전 11시 30분이군요. 선배에게 문자를 보냅니다. '형, 점심 먹을래요? 짜장면 어때요? 12시에 교문 앞!'

주의력 결핍, 회피형 인간이라 불러도 좋을 정도입니다(조만간 상담을 받겠습니다). 신문에 칼럼을 쓴 지 6년이 넘었는데도 저에게 글쓰기는 둘 중 하나입니다. 하기 싫거나, 아주 하기 싫거나.

긴 글이든 짧은 글이든 에세이든 논문이든 상관없이 똑같습니다. 좌충우돌! 이제 어느 정도 규칙성을 가질 만한데, 전혀 그렇지 않습니다. 늘 처음 같은 제자리걸음, 쓸 말이 없다는 막막함, 새롭게 보탤 말이 없다는 좌절감, 글의 흐름이 잡히지 않는다는 답답함, 조롱받을 것 같다는 불안감, 이번에는 실력이 들통날 것 같다는 두려움.

이렇게 자신감이 없는데도 저에게 계속 연재를 맡겼던 이유가 뭘까요? 아마도 글 쓰는 일을 직업으로 하지 않는 사람의 글쓰기라 맡겼을 겁니다. 재능 없는 사람의 글쓰기. 작가 아닌 사람의 글쓰기.

글쓰기 책에는 이러이러한 절차를 밟으라고 하지만, 거기서 일러주는 절차대로 글을 쓴 적이 한 번도(!) 없습니다. 글쓰기 책에서 말하는 절차와 실제로 제가 한 편의 글을 쓰는 과정이 너무 다릅니다. 글쓰기 책에는 '개요 짜기' '구상하기' '설계하기' 등의 비슷한 이름으로 어떤 글을 쓸지 먼저 계획하라고 합니다. '개요'를 짠 다음에 글을 쓰라는 것이죠. 나무에 뿌리와 줄기가 먼저 있어야 가지가 뻗어나가듯이 글도 선후가 있다고 합니다. 설계도 없이 집을 짓지 말라!

정말 그럴까요? 글재주도 없는 주제에 글쓰기 절차대로 쓰지도 않는 저를 위로하는 이야기를 먼저 들려드릴게요. 미국 선불교의 스승 스즈키 순류는 선禪을 수행하는 사람을 말馬에 비유한 적이 있습니다.

글쓰기 책은 늘 규칙을 말하지만

네 종류의 말이 있다. 뛰어난 말, 좋은 말, 시원찮은 말, 형편없는 말. 뛰어난 말은 채찍의 그림자가 보이기도 전에 마부가 바라는 대로 천천히 또는 빨리, 오른쪽으로 또는 왼쪽으로 달린다. 좋은 말은 채찍을 보고 그것이 몸에 닿기 전에 그렇게 한다. 시원찮은 말은 채찍을 맞고 아픔을 느껴야 달리기 시작한다. 마지막 형편없는 말은 아픔이 뼈에 사무쳐야만 달린다. 네 번째 말이 달리기를 배운다는 건 얼마나 어려운 일인지 상상해볼 수 있다. 이 이야기를 처음 들었을 때, 우리는 모두 최고의 말이 되고 싶어 한다. 하지만 너무 쉽게 배우면 열심히 하지 않게 되며, 뼈에 사무치는 연습도 피해 가기 쉽다. 서예를 하다 보면 재주가 없는 사람이 재주 있는 사람보다 훨씬 훌륭한 서예가가 되는 일이 흔하다. 재주가 있는 사람은 어느 단계에 이르면 더 이상 발전하지 못하고 큰 어려움을 겪는 경우가 있다. 이것은 예술에서도 삶에서도 마찬가지다.

- 스즈키 순류 지음, 정창영 옮김, 《선심초심》, 김영사, 2013년, 53~54쪽.

저는 확실히 네 번째의 '형편없는 말'입니다. 채찍이 뼈에 사무친 다음에야 달리기 시작하는 말. '쓰고 싶다'가 아니라 '쓰기 싫다'에서 출발하는 글쓰기. 그래서 저는 다음과 같은 글을 이번 생에는 쓰지 못할 겁니다.

나이가 들수록 눈물이 많아진다고 하잖니. 흘린 눈물은 한 세월, 얼마나 많겠니. 그러니 살을 뚫고 나오는 거야. 습기 찬 거 어두운 거 그거 다 먹고 그래도 무언가 피울 힘이 있었던 거야. 늘그막에 애들 거두는 거, 그거 장난 아니다? 길러낸다는 거, 그거 정말 굉장한 힘이야. 그래서 나는 검버섯도 꽃이라고 봐. 그래서 우린 그걸 '-핀다'고 말하는 거야.
- 고명재, 〈검버섯〉, 《너무 보고플 땐 눈이 온다》, 난다, 2023년, 26쪽.

고명재 시인의 '검버섯이 피다'라는 간단한 표현에서 느껴지는, 삶의 정곡을 찌르는 감각과 이를 매끄럽게 글로 표현하는 솜씨를 저는 도무지 따라갈 수 없습니다. 탁월한 글솜씨를 가진 작가의 글에 견줘 제 글은 거칠고 울퉁불퉁합니다. 언제는 삐뚤삐뚤하고 언제는 움푹 파였고 언제는 날이 서 있습니다. 균질적이지 않고 안정감도 없습니다. 어떻게 해야 할까요? 정말 '개요표'를 짜고 나서 써야 할까요?

초심을 빨리 잃자

그렇게 하고 싶지 않습니다. 무도에서 배운 게 하나 있습니다. '처음'을 대하는 태도입니다. 흔히 '초심을 잃지 말자'라거나 '초심으로 돌아가자'라는 말을 하는데, 타성에 빠진 사람이 처음 시작할 때의 순수함, 진지함, 열정을 되찾자는 뜻이겠지요. 하지만 무도에서는 처음부터 너무 많은 걸 알려고 하지 말라고 합니다. 처음은 빨리 지나가라는 것이죠. 어떤 동작을 어떻게 왜 하는지 따지지 말고, 선생이 시키는 대로 따라 하면서 몸이 자동으로 움직이게 만들라는 겁니다. 익숙해진 다음에라야 그 동작의 의미를 찾을 수 있다는 겁니다('다도' 얘기하면서 했던 말입니다).

여러분은 어떤 일을 '처음' 시작할 때 무슨 생각을 하게 되던가요? 기타를 배우려고 학원에 간 첫날 어떤 생각이 들던가요? 조깅하기로 마음먹고 처음 달리기 시작하면 어떤 생각이 들던가요? 건강을 위해 봄부터 매일 108배를 시작한다고 해 봅시다. 처음 시작하면 이런 생각이 듭니다. '생각보다 절하기가 어렵군. 지금 아홉 번째인데 언제 끝날까. 마칠 수는 있을까. 무릎뼈가 뿌두둑거리는데 이러다 병나겠는걸. 필라테스로 바꿀까. 방석을 더 넓은 걸 샀어야 했어. 그런데 이번이 열세 번째야, 열네 번째야.' 등등. 이런 생각은 70~80회쯤 지나서야 잦아

듭니다. 그쯤 되면 엎드리고 일어나는 동작에 규칙성이 생기고 호흡도 고르게 되며 잡념이 사라지고 절하는 동작 자체에만 몰두하게 됩니다.

처음은 늘 망설이고 머뭇거리고 의심합니다. 그 망설임과 머뭇거림과 의심을 다음에 오는 마음이 걷어내야 합니다. 그래서 '초심을 잃지 말자'는 말을 달리 써야 합니다. '초심을 빨리 잃자.' '초심의 강을 빨리 건너가자.' 글쓰기에 맞춰 말하면 '초고를 빨리 쓰자' '어차피 고쳐 쓸 것이니 빨리 쓰자'.

저는 학생들과 《뼛속까지 내려가서 써라》의 저자 나탈리 골드버그의 방식을 변형한 '15분 글쓰기'라는 걸 합니다('자유 글쓰기 free writing'라는 이름으로 이렇게 많이들 합니다). 온라인카페에 학생 이름을 하나씩 넣은 게시판을 만듭니다. 학생들은 아무 때나 들어와서 들어온 시간을 먼저 적고 글을 씁니다. 아무거나 아무렇게나 쓰되, 멈추지 말고 고치지 않고 쓰기. 어떤 학기에는 '글 쓰는 몸'을 만들어주겠다며 '100일 15분 글쓰기'를 한 적도 있습니다. 저는 학생이 쓴 글의 내용, 형식, 분량 등 어떤 것에도 간섭하지 않습니다. 읽어보지도 않을 테니 마음껏 쓰되, 15분 동안 글 한 편을 끝까지 쓰라고 합니다.

글쓰기를 가로막는 건 생각

15분 글쓰기는 도움이 될까요? 엄청난 도움이 됩니다. 15분 글쓰기는 우리가 글쓰기에 대해 가진 오해와 편견을 뛰어넘게 해줍니다. 글쓰기를 가로막는 건 다름 아닌 '생각'입니다. 정확히는 '쓰지 않고 하는 생각'입니다.

저의 글쓰기는 늘 이런 흐름이었습니다. '글감 찾기→ 마구 쓰기→ 고쳐 쓰기'. '마구 쓰기'의 핵심은 '끝까지 쓰기'입니다. 중간에 멈추는 것이 아니라, 마침표를 찍을 때까지 어떻게든 끝까지 밀어붙이는 것입니다.

글을 쓰면서 '글쓰기'와 '생각하기'를 의식적으로 구분합니다. 앞뒤를 나누어 따로따로 작업합니다. 글을 쓰려고 어떤 글감을 택하겠죠. 그런데 그 글감으로 뭘 써야 할지 '정확히' 모릅니다. 뿌옇습니다. 처음에는 글감이 '뿌옇다'는 걸 받아들여야 합니다. 그 글감으로 뭔가 할 말이 있을 것 같아 택했지만, 아직 어떤 말을 할지 모르는 상태를 받아들여야 합니다. 뿌연 글감을 선명하게 만드는 건 '생각'이 아니라 마구 써내려간 '글'입니다. 그 속에서 '새로움'이 나옵니다. 생각에서 새로움이 나오는 게 아니라 쓴 글 속에서 새로움이 나옵니다. 늘 그랬습니다. 글을 쓰기 전에는 몰랐습니다. 쓰고 나서야, 정확하게는 '쓰면서' 글감에 대해 할 말이 선명해집니다.

생각을 먼저 한다고 글이 쓰이는 게 아닙니다. 첫 문장을 쓰고 나면 그 문장 때문에 두 번째 문장이 튀어나오고, 두 번째 문장을 쓰고 나면 다음 문장이 이어집니다. 이어지지 않는다고요? 조금 기다려 보세요. 그래도 안 나온다고요? 조금 더 기다려 보세요. 고요히 기다려야 합니다. 그렇게 글이 스스로 글을 밀고 간다는 것을 믿고 끝까지 가보는 겁니다.

이 장의 글도 마찬가지입니다. 초고를 어떻게든 끝까지 씁니다. 그러곤 출력해서 큰 소리로 읽습니다. 읽으면서 두 가지를 살핍니다. 첫째, 내 글이 '하나의 결론'을 향해 흐르고 있는가? 둘째, 읽으면서 '다른'(새로운) 생각이 떠오르는가? 그걸 바탕으로 고칩니다. 하나의 결론을 향하지 않는 것들은 잘라냅니다. 무려 절반 가량이 잘려나갔습니다. 새롭게 떠오른 생각을 덧댑니다. 빨리 쓴 초고가 없다면, 이런 일을 할 수 없습니다.

때로 쓰면서 선명해진다

글이 할 일과 생각이 할 일을 분리하시기 바랍니다. 그리고 순서를 바꿔보기 바랍니다. 생각이 먼저가 아니라 글이 먼저입니다. 글이야말로 여러분의 삶에 형태를 부여합니다. 생각을 정리하기 위해 글을 쓰는 것이 아니라, 글을 씀으로써 뿌옇게 뒤엉킨 생각에 질서와 의미를 부여하는 것입니다. 글이 할 일에 여러분의 생각이 간섭하지 않도록 하세요. 생각은 진부합니다. 그러니 글쓰기 실력을 높이려면 무조건 초고를 빨리 써야 합니다.

저는 뼈에 사무쳐야 글을 쓰는 '형편없는 말'이지만, 글은 저에게 그래도 버티며 자유와 사랑의 길을 가라고 가르쳐줬습니다.

글도 분갈이가 필요하다

봄이 되면 하는 일이 있습니다. 마당에 있는 보리수나무와 산수유나무 가지치기를 하는 겁니다. 가지들이 곧게 자라게 하고, 같은 값이면 보기도 좋게 만들기 위함입니다. 가지가 한 방향으로 자라야 바람도 잘 통하고 서로의 성장을 방해하지 않습니다. 다른 방향으로 뻗어 어깃장을 부리는 가지들을 잘라냅니다. 나중에 열매 딸 생각을 하면 하늘을 향해 기세 좋게 자라 손이 닿지 않을 것 같은 가지는 잘라주어야 합니다. 멀찍이 떨어져서 모양새가 그럴듯한지 살피다가 다시 안으로 들어가 자르는 걸 반복하다 보면 해가 집니다. 농사의 절반이 잡초 뽑기이듯이, 고치기의 절반도 '지우기'(삭제하기)입니다.

잘나도, 못나도 초고를 받아들여라

애써 쓴 글을 왜 고치는 걸까요? 당연히 글의 완성도를 높이기 위해서겠죠. 글을 몇 번 고쳐본 사람은 알겠지만, 초고를 고치는 건 '하면 좋고 안 해도 그만'인 과정이 아닙니다. 반드시 거쳐야 하는 아주 중요한 과정입니다.

초고를 고칠 때 흔히 빠지는 함정은 초고가 만들어놓은 틀에 갇히는 것입니다. 한 편의 글을 완성했다는 만족감에 '이제 다듬기만 하면 된다'고 생각합니다. 그렇지 않습니다. 고쳐 쓰기는 '다시 쓰기'입니다. 이 단계에 접어들면, 이른바 '둘(2)의 경험'을 하게 됩니다. 초고를 쓴 나와 다시 쓰는 나, 이렇게 둘이 만나 대화하는 것입니다. 그러기 위해서는 초고를 받아들여야 합니다. 자식은 잘나가도 자식이고 엇나가도 자식이듯이, 꼬장꼬장하게 문제를 찾아내려는 자세보다는 어떻게 하면 내 글이 잘 자라도록 보살필까 하는 마음이 필요합니다(이 또한 다시 쓰기를 여러 번 하면 자동으로 생기는 마음입니다). 남긴 문장도 내 자식, 지운 문장도 내 자식입니다.

고쳐 쓰기는 초고 쓰기와는 확연히 다릅니다. 신나기까지 합니다. 손이 닿지 않는 장롱 위에 숨겨둔 보석함을 내리기 위해 의자 하나가 생긴 겁니다. 의자를 딛고 올라서기만 하면 됩니다. 다시 쓰기를 하다 보면, 물아일체. 나와 내가 쓴 글이 점점 가까워진다는 느낌이 듭니다.

저는 고쳐 쓰기를 할 때 두 가지 과정을 밟습니다. 첫 번째는 버릴 것 찾기. 두 번째는 새로운 것 찾기. 버릴 것 찾기는 가지치기, 새로운 것 찾기는 분갈이라 할까요.

먼저 버릴 것 찾기. 글을 살리기 위해서는 글을 죽여야 합니다. 불필요한 부분을 잘 걷어내야 좋은 글이 됩니다. 잘난 척하는 말, 과도한 수식, 습관적으로 쓰는 보조용언, '공부하다'라고 해도 될 것을 '공부를 하다'로 늘리는 것, 다른 말과 어울리지 않는 어휘나 표현 등을 찾아내는 것입니다. 과한 것을 잘라내야 남은 것들이 숨을 쉬고 넉넉한 공간에서 자기 목소리를 낼 수 있습니다.

여기서 멈추면 안 됩니다. 고쳐 쓰기는 다시 쓰기입니다. 새로 쓰기입니다. 분갈이와 닮았습니다. 굳건히 박혀 있는 나무를 뽑아 낡은 흙은 버리고 새 화분의 적당한 위치에 자리를 잡은 다음에 퇴비 섞인 새 흙을 넣어줍니다. 좋아하는 꽃나무를 분갈이해주듯이, 나의 초고를 사랑해야 합니다. 받아들여야 합니다. 예쁘고 대견하구나, 나의 초고. 그러니 다시 쓸게!

다시 쓰기의 과정에서

다시 쓰기를 하면 벌어지는 일이 있습니다. 처음 썼던 글에서 '이거다' 싶었던 단어나 문장이 별것 아닌 것이 되기도 하고, 전혀 다른 위치로 가는 게 어울릴 때도 있습니다. 순서를 완전히 뒤집는 경우도 있고, 결론이 정반대가 되기도 합니다.

다시 쓰기는 초고를 잊고 쓰는 겁니다. 그런다고 초고가 사라지지 않습니다. 사람은 늘 그런 식입니다. 잊은 듯하지만 잊을 수 없습니다. 과거와 현재가 겹쳐집니다. 말은 한 순간에 한 문장밖에 내뱉을 수 없지만, 우리 머릿속은 먼저 썼던 문장과 지금 쓰는 문장이 겹쳐집니다. 무엇이 더 나을지 견주게 됩니다. 초벌 그림 위에 새로 그리는 수채화 같습니다. 흐리게 밑그림이 배어나오지만, 전혀 다른 그림입니다.

다시 쓰기에서 가장 신경을 써야 하는 것은 글의 구조입니다. 내용을 담는 구조(구성과 흐름)입니다. 맞춤법이 아닙니다. (이 단계에서 맞춤법에는 신경을 꺼주세요.) 우리는 '구조' 또는 '구성'이라는 말을 다소 경직되게 써왔습니다. 글의 구조를 건축학에서 쓰는 개념으로 이해합니다. 건축학에서 구조는 '기초, 층별 구조, 위계질서, 정밀한 계측' 등 고정된 조직과 설계와 같은 의미로 씁니다. 마치 어딘가에 정답이 있는데, 내 글이 거기에 못 미친다고 생각합니다. 다시 쓰기는 정답을 찾아가는 것이 아니라, 살아 움직이는 생명체를 잉태하는 것입니다. 글의 구조는 건축학이 아니라 생물학에서 다루는 구조에 가깝습니다. 생물학적 의미에서는 '생태계의 구조'나 '유기체의 구조'와 같이, 살아 움직이는 유기체를 말합니다. 이때의 구조는 필연적이면서 동시에 우연적입니다. 익숙하면서도 동시에 전혀 생소한 것입니다. 앞의 글과 비슷하면서도 앞의 글과 전혀 다른 글입니다. 완성돼 있으면서도 동시에 미완성의 과정 속에 있습니다.

자신의 글을 견고한 건축물이 아니라, 살아 파닥거리는 생물로 바라보길 바랍니다. 써놓은 글에 갇혀 대충 조몰락거려 글을 완성하려 들지 마세요. 다른 생각과 문장이 드나들 수 있도록 문을 최대한 넓게 열어놓으세요. 모든 글은 하나의 구조만 있는 것이 아닙니다. 모든 글은 필연적으로 하나의 구조를 이루지만, 구조가 만들어지는 순간 또 다른 구조가 자라납니다. 그걸 다시 쓰기 과정에서 불러와야 합니다. '내 글 속에 아직 도착하지 않은 새로운 글이 숨어 있다.' 그 녀석을 나오라고 해야 합니다.

✦ ✦ ✦
'인간적인' 글쓰기를 위하여

2부에서는 글을 구성하고 단어를 조합해 나만의 문장을 뽑아내는 법에 대해 함께 살펴보았습니다. 그리고 그렇게 심혈을 기울여 쓴 글을 기꺼이 허물고 다시 쓰는 것까지도요.

　글 쓰는 사람이 인간적인 사람일 확률이 높은 이유는 어쩌면 다시 쓰기를 거듭하는 데 있을지 모릅니다. '나는 확고하지 않다. 언제든 뒤집어엎어질 수 있다. 아무리 소중한 것도 미련 없이 버릴 수 있고 새로운 길을 걸어갈 수 있다.' 이런 마음은 끊임없이 새로 써본 사람만이 가질 수 있습니다.

무엇을 뒤엎고 남길 것인가

　가장 나답다고 생각한 것을 버리면서 중심을 잃고 쓰러질락 말락 하는 기우뚱함, 가장 견고하다고 믿었던 내 안의 체제를 스스로 무너뜨릴 때의 희열, 가까스로 자리를 잡았다 생각하던 찰나에 주머니에 든 걸 몽땅 잃어버리고 빈털터리가 되어 허무해지지만 한편으론 더 이상 두려울 것이 없어지는, 나는 이제 무적이 되었다는 느낌! 우리가 글을 쓰면서 삶에 새겨야 할 감각이 있다면, 바로 이런 감각이 아닐까 싶습니다.

예를 들어보겠습니다. 다음은 독자 영희 님이 쓴 글의 일부입니다. 영희 님은 다시 쓰기 방식으로 글을 세 번 썼습니다. 첫 부분이 어떻게 바뀌는지만 봐도, '다시 쓰기'의 매력과 효과를 느낄 수 있을 겁니다.

① 근로기준법 제54조에 따르면 4시간 이상 일하는 노동자는 30분 이상의 휴게 시간을 보장받을 권리가 있으며, 이 시간을 언제 어떻게 사용하는가는 노동자의 자유다. 8시간 이상 일하는 노동자라면 그 시간은 배로 늘어난다. 영희는 그 낯선 문장을 몇 번이고 소리 내어 읽어보았다. 휴게, 보장, 권리… 모든 단어가 낯설었지만 '자유'라는 말은 특히 생선 가시처럼 계속 목구멍 어딘가에 걸렸다.

② 정오를 알리는 벨이 울리자마자 공장에 가득 찼던 사람들은 순식간에 빠져나갔다. 썰물이 되어 갯벌에 생겨난 키조개 구멍처럼 군데군데 빈자리를 쳐다보며, 영희는 생각했다. 사람들은 30분 동안 뭘 할까?

③ 정오가 되자 공장 사람들은 썰물처럼 빠져나갔다. 영희는 자리에서 일어나 기지개를 한 번 켜고 30분 타이머를 맞췄다.

어떤가요. 영희 님은 조금씩 '살아 움직이는 구조'를 찾아가고 있습니다. 제가 영희 님에게 빙의하여 설명해보겠습니다. 첫 번째 글에서는 근로기준법을 언급하면서 잔뜩 힘을 주고 있습니다. '30분' 쉬는 시간이 나에게 어떤 의미일까 되물었을 겁니다. 노동자의 휴식 권리를 담은 근로기준법이 떠올랐겠죠.

두 번째 글에서는 근로기준법 얘기를 싹둑 잘라내고 공장 동료들을 묘사하는 걸로 바꿨습니다. '근로기준법'이 덜 중요해서가 아닙니다. 힘이 들어가다 보니 너무 거창하다는 느낌이 들었기 때문입니다. 30분 휴식 시간의 의미를 굳이 근로기준법에서 찾지 않아도 되겠다 싶었을 겁니다. 30분의 '의미'를 얘기하는 것마저 불필요해 보였을지도 모릅니다.

'갯벌에 생겨난 키조개 구멍처럼 군데군데 빈자리를 쳐다보며'라는 문장은 얼마나 실감나는 표현인가요. 그런데도 영희 님은 이걸 다시 엎어버렸습니다. 그러곤 자신에게 눈길을 돌립니다. '영희는 자리에서 일어나 기지개를 한 번 켜고 타이머를 맞췄다.'

맞춤법도 중요하다

앞서 다시 쓰는 과정에서 맞춤법을 신경 쓰기보다는 글의 구성에 초점을 맞추라는 이야기를 했는데요. 우선순위에 있어 구성에 대한 고민을 앞서 하라는 뜻이지, 맞춤법이 중요하지 않다는 것은 아닙니다. 당연한 이야기지만, 맞춤법을 지키는 것은 필요합니다. 억울한 일이지만 독자는 띄어쓰기를 잘못한 글을 보면 '작은 실수를 했군' 하면서 넘어가지 않습니다. '이것도 모르다니 무식하군!' 하며 글쓴이를 무식쟁이로 만들어버립니다. 내용마저 평가절하합니다.

내용을 살필 때는 내용 중심으로 봐야 합니다만, 그걸 다 마치고 난 다음엔 따로 시간을 내어 맞춤법과 띄어쓰기에 집중하여 고쳐야 합니다. 한국어는 의존명사, 어미, 접사, 보조용언, 표준어 등에 대한 규정이 까다롭습니다. 어떻게 쓸지 '아리까리할' 때엔 사전을 보면서 정확하게 고쳐야 합니다. 맞춤법을 설명한 책을 보는 것도 도움이 됩니다. 기본 원리를 익히고 사례별로 기억을 쌓아가다 보면 사전이나 참고서적을 뒤적거리는 횟수가 줄어들 겁니다. 맞춤법을 설명한 책은 고만고만합니다. 설명이 장황하지 않고 예가 많이 나온 것이면 뭐든 좋습니다. 맞춤법뿐만 아니라 책 편집 과정까지 상세히 알려주는 책을 구해 읽는 것도 도움이 됩니다(어떤 책을 골라야 할지 잘 모르겠다면

《열린책들 편집 매뉴얼》을 권합니다).

좋고 나쁨을 구분하지 말자

물론 수정을 거듭해 완성된 마지막 글이 앞의 글보다 나으리란 보장은 없습니다(맞춤법은 더 많이 들여다볼수록 나아지긴 합니다). 다음에 무엇이 튀어나올지 모르는 불안감과 기대 속에서 성큼 발을 내디딘 겁니다. 새로운 글이 나올 것이라는 기대와 신뢰, 그 모험을 즐기는 겁니다.

한차례 쓰고 다시 쓰는 과정을 거듭하다 보면, 우리는 자신을 긍정하게 됩니다. '와, 내 속에 이런 면이 있구나. 다 버릴 수 있어.' 버리는 것을 흔쾌히 받아들이는 마음이 생깁니다. 가고 오는 것을 자연스럽게 받아들이고, 좋고 나쁨을 구분하지 않게 됩니다. 꽃은 사랑해도 지고, 잡초는 싫어해도 핀다는 삶의 이치를 글쓰기에서 배웁니다.

'나는 왜 글을 쓰는가?' 여러 답을 할 수 있겠지만, 저는 글쓰기를 통해 삶과 생명을 긍정하기 위해 쓴다고 생각합니다. 내 속에 여러 이야기가 있다는 것에 놀라고 내 삶의 우여곡절도 받아들일 만하다는 것에 다시 놀라기 위해.

3부 말해지지 않은 것을 써볼까요

시간의 두께

저희 아버지는 말이 없었습니다. '생활 한국어'(!) 외에는 당최 말이 없었습니다. 술에 거나하게 취했을 때에나 뭐라뭐라 알아들을 수 없는 담장 밖 이야기를 했습니다. 6남매였지만 집은 항상 절집처럼 고요했습니다. 그렇게 자라서인지 또렷하게 기억 나는 '아버지의 말'이 몇 안 됩니다. 이를테면, "니 코가 왼쪽으로 삐뚤어졌다".

시간과 기억

그 말은 아버지가 저를 바라보면서 '저에 대해서' 한 최초의 발언입니다. 목수였던 아버지는 일 마치고 돌아오면 작은 백열등을 켜고 돋보기를 쓰고 톱 손질을 했습니다. 저는 줄로 톱날을 가는 소리가 좋아 곁에서 새우잠이 들곤 했습니다.

그날도 스르륵스르륵 톱날 가는 소리를 들으며 선잠이 들었습니다. 그런데 잠결에 문득 스르륵스르륵 소리가 안 들려 눈을 떴더니, 아버지가 얼굴을 디밀어 심각한 표정으로 제 얼굴을 쳐다보고 있었습니다. 있을 수 없는 일이었죠. 그때 저 말씀을 하시더군요. "니 코가 왼쪽으로 삐뚤어졌다." 아홉 살 아이는 그 말을 또렷하게 기억합니다. 제가 이 무심한 아버지를 여전히 존경하는 건 '아버지는 내가 모르는 사이에 나를 쳐다보고 있었다'는 느낌 때문입니다. '아들 관찰'이 그게 처음이자 마지막이었을지도 모릅니다. 상관없습니다. '아버지가 나를 보았다'는 걸로 족했죠. 그날부터 아버지의 무심함 뒷면에 속 깊은 뭔가가 있을지 모른다는 '아름다운 착각'을 하게 되더군요. 저 기억의 힘 때문인지 비록 제 코는 여전히 삐뚤지만, 아주 삐뚤게 살지는 않게 됐습니다.

왜 이런 얘기를 하냐고요? 아버지 자랑하려고요! 하하. 아닙니다. '시간'과 '기억' 얘기를 하고 싶어서입니다. 저는 위의 이야기를 이렇게 줄일 수도 있습니다. '아버지는 자고 있는 내 얼굴을 보고 코가 왼쪽으로 삐뚤어졌다고 말했다.' 만약 저 얘기를 공책 몇 장 분량으로 쓰라고 하면 그 또한 쓸 수 있을 듯합니다.

선진적인 운동 지도 방법 중에 '제약 주도 접근법'이란 게 있더군요. 선수들이 같은 동작을 수없이 반복해 기술을 익히는 게 아니라, 시시때때로 바뀌는 상황에 능동적으로 대처하는 감각과 능력을 키우기 위한 방법이죠. 축구를 예로 든다면, 경기장 크기와 모양을 바꾸거나 선수 숫자를 바꿔 변화된 조건 속에서 선수 스스로 해법을 찾아나가도록 연습하는 방식입니다. 경기장 크기를 반으로 줄이기도 하고, 경기장에 동그라미를 그려 원 안에서만 경기를 하게 합니다. 11명씩 하는 경기를 3대 3, 4대 4 또는 3대 5 등으로 바꾸는 것입니다. 이렇게 제약을 주면 선수가 기존에 습관적으로 하던 움직임이 달라지게 됩니다. 공을 다룰 기회가 늘어날 뿐만 아니라, 촘촘한 거리에서 상대 선수를 제칠지 동료 선수에게 패스할지 직접 슛을 할지 빨리 판단해야 합니다. 공의 속도도 달라지고 공을 다루는 기술도 섬세해집니다. 원 안에서 공을 주고받는 것도 생소할 것입니다.

글쓰기에도 이런 제약 주도 접근법을 적용할 수 있습니다. 저의 경우 강의실에 들어가자마자 "자, 글 쓰러 왔으니 글을 써봅시다" 하고는 칠판에 '눈뜨고 10분간'이라고 씁니다. 아침에 눈뜨고 10분 동안 뭘 했는지 써보라는 것이지요. 여기에 조건을 답니다. 글 쓰는 시간은 10분, 분량은 공책 1쪽 꽉 채우기. 10분 동안 공책 한 면을 채우려면 꽤 빨리 써야 할 거라 겁을 줍니다. 학생들은 집중해서 씁니다. '눈뜨자마자 머리맡에 있는 휴대전화 메시지를 읽고 일어나 화장실에 가서 볼일 보고 세수하고 옷 입고… 어쩌고저쩌고.' 일부러 알람 장치가 있는 시계를 갖고 가서 교탁 위에 올려놓습니다. "띠디디띠디디" 소리가 나면 무조건 멈춰야 합니다. 그러곤 다 함께 자신이 쓴 글을 소리 내어 끝까지 읽으라고 합니다. 꿍얼꿍얼 시끌시끌 읽습니다.

1분을 촘촘하게 감각하기 위하여

지금부터가 진짜입니다. 칠판을 지웁니다. 다시 씁니다. '눈뜨고 1분간'. 조건은 같습니다. 글 쓰는 시간 10분, 분량은 공책 1쪽 꽉 채우기! 학생들은 기가 막혀 합니다. 눈뜨고 10분 동안도 한 일이 별로 없어 쓰기 어려웠는데(10분이면 비몽사몽 계속 침대에 누워 있었을 테니까요), 1분간이라니. 황당해하는 학생들의 눈빛을 모른 체하고 "시작!"을 외칩니다.

이때부터 학생들은 기억을 떠올리는 습관적인 패턴에서 벗어납니다. 기억을 떠올리는 습관적 패턴은 사건(했던 일)만 줄줄이 나열하는 겁니다. 그런데 제약이 주어지니 '했던 일'만 쓸 수 없습니다. 했던 일만 쓰다가는 반 줄도 다 못 채울 테니까요. '그때 한 일이 뭐였지?'라는 생각에서 그 상황을 총체적으로 파악하려고 합니다. 1분 동안의 일을 1쪽 분량으로 쓰라는 제약이 주어진 다음에야, 이불 밖으로 삐져나간 발가락, 읽다가 잠들어 구겨져버린 책, 베개와 이불에서 풍겨나오는 냄새, 전신주에 앉아 지저귀는 참새들, 거실에서 들리는 엄마 아빠의 말소리, 머릿속에서 스쳐 지나가는 잡념 같은 게 떠오르기 시작합니다. 1분 동안 나의 내부와 주변에선 엄청나게 많은 움직임과 고요와 동요가 뒤엉켜 있었다는 걸 알게 됩니다(성석제의 소설 《내 인생의 마지막 4.5초》는 도로 난간에서 추락하는 주인공의 마지막 4.5초를 30여 쪽 분량으로 늘려놨더군요).

무도의 달인들은 시간을 다르게 쓴다는 느낌을 줍니다. 시간을 조금씩 늘린다고나 할까요? 저의 스승님은 이걸 능수능란하게 합니다. 합기도가 좋은 점은 고단자와 초급자도 선을 긋지 않고 함께 수련한다는 것입니다. 초보인 저도 고단자들과 수시로 응대하면서 서로 던지고 던져집니다. 그때마다 제 스승님의 시간과 나의 시간이 다르다는 느낌을 강하게 갖습니다. 그분은 매 순간 흐트러짐이 없습니다. 시작부터 마무리까지 매 순간을 완벽함으로 채웁니다. 지금 현재의 움직임 안에 앞선 동작의 동력이 빠짐없이 담기고, 이후에 이어지는 동작도 예비돼 있기 때문입니다. 과거의 시간이 여전히 그림자로 남아 있고 미래의 시간마저 당겨 쓴다는 느낌? 반면 초보자는 끝(목표)에만 신경 씁니다. 상대를 던졌는가, 못 던졌는가? 던지면 성공, 못 던지면 실패. 시작한 지 5년밖에 안 된 저도 오직 마지막 목표를 달성하기 위해 과정을 생략해버립니다. 그래서 저의 시간의 길이와 스승의 시간의 길이가 다릅니다. 초보자는 시작과 끝이라는 두 지점밖에는 없지만, 달인은 시작과 끝 사이의 모든 과정이 '점점점, 선선선'으로 이어져 있습니다.

한 마디에 4분음표가 4개 들어 있는 곡과 32분음표가 32개 들어 있는 곡의 차이랄까요. 4분음표 곡은 초심자도 어찌어찌 연주하겠지만 32분음표 곡은 포기하고 말 겁니다. 능숙한 연주자는 두 곡 모두 거뜬히 연주합니다. 여기서 '능숙하다'는 말은 32개의 음을 하나도 빠뜨리지 않고 소리를 낸다는 뜻이기도 하고, 그러면서도 '여유'를 잃지 않는다는 뜻이기도 합니다. 32개의 음 중에서 '허투루' 건너뛰는 게 없습니다.

'쓰는 몸으로 사는' 사람의 글쓰기는 시간을 허투루 건너뛰지 않습니다. 그러려면 어떻게 해야 할까요? 모든 과거를 낱낱이 떠올리기 위해 최면술이라도 써야 할까요? 아닙니다. 일단 기억나는 대로 쓰기 시작하면 됩니다. 물론 기억나는 대로 쓴다고 다 그럴듯한 글이 되는 건 아닙니다. 어떤 일에 대한 기억이 나에게 어떤 의미가 있는지를 생각하는 게 중요합니다. 글감 자체보다는 그 구체적 기억에 담긴 보편적 진실이 있다면 독자는 공감하게 될 겁니다.

달인은 시간의 두께를 늘린다

무도의 초보자가 할 일은 엉성하고 불완전한 동작이더라도 계속 도장에 얼굴을 디밀어 구르고 던져져야 하듯, 글쓰기의 도약은 반복에서 옵니다. 기억도 한순간에 짠 하고 모든 게 떠오르지 않습니다. 여러분은 어릴 때 어떤 놀이를 하면서 놀았나요? 단 하나의 놀이가 떠오르기만 하면 됩니다. '자치기'가 떠오르기만 했다면(아, 너무 구식인가요?), 그다음에 다른 놀이가 줄줄이 떠오릅니다. 구슬치기, 홀짝, 다방구, 말뚝박기, 오징어, 무궁화꽃이 피었습니다, 공기놀이, 윷놀이, 화투(이건 아닌가?). 요즘에는 퍼즐, 블록, 보드게임 등등….

기억이 뜨문뜨문 나는 게 문제가 아닙니다. 기억과 기억 사이, 사건과 사건 사이를 어떻게 절묘하게 이어 붙이느냐, 그 사이사이를 어떤 의미들로 채우느냐가 더 중요합니다. 시간을 늘리는 일은 기억의 가짓수를 늘리는 게 아닙니다. 하나의 기억일지라도 그 기억의 두께를 두껍게 한다는 뜻입니다. 각각의 기억을 평면적으로 나열하는 게 아니라, 입체적으로 설명해 기억에 질감을 부여하는 일입니다. 놀이를 예로 들면, 놀이 자체만이 아니라 함께 놀았던 친구들, 이마에 송골송골 맺힌 땀, 탄식, 말, 작은 눈속임, 약오름, 즐거움 따위의 감정과 의미를 함께 떠올리는 겁니다. 그러면 하나의 기억에 대한 시간이 조금씩 늘어나는 글을 쓰게 됩니다.

기억을 떠올리는 습관을 벗어나자

우리는 시간을 줄이는 데 익숙합니다. 기억을 요약하는 것이죠. 시간을 늘리는 게 어렵습니다. 더 많은 걸 떠올려야 하니까요. 기억나는 만큼만 쓰지 않고 기억 너머를 더듬어 복원하는 일이니 어찌 쉽사리 성취할 수 있겠습니까. 시간 제약을 주고 의식적으로 그런 방식의 글쓰기를 거듭해야 조금씩 익힐 수 있습니다.

장면을 상상하게 하는 힘

전태일 열사의 일대기를 각색한 만화 《태일이》를 그린 최호철 화백이란 분이 있습니다. 그는 항상 온갖 굵기의 연필 꾸러미와 엽서 두 장 크기의 두꺼운 스케치북을 가방에 넣어 둘러메고 다닙니다. 사진가 목에 카메라가 매달려 있듯이, 그는 언제든 그림 그릴 준비를 하고 있습니다.

어느 더운 날, 서울 홍익대 앞 허름한 식당에서 최 화백과 같이 돌솥우동을 먹고 있었습니다. 우동 몇 가락을 먹는데, 그가 갑자기 눈을 반짝거리더니 잽싸게 연필을 꺼내고 스케치북을 펼쳤습니다. 건너편에 앉은 중년 아저씨를 스케치하더군요. 최 화백은 아저씨가 자리를 뜨기 전에 눈과 손을 바지런히 움직여 그림을 그렸습니다. 저도 젓가락질을 멈추고 그가 다 그릴 때까지 기다렸습니다. 예술가의 번득이는 창작 현장을 구경하는 것만으로도 가슴이 저릿해지더군요.

글의 감동은 언제 밀려오는가

그가 그림을 다 그리고 연필을 가방에 넣는 순간, 제가 말했습니다. "최 화백님, 저도 그렇게 하나 그려주세요." 돌아온 답. "아무나 안 그립니다!"

그 단호한 목소리를 들으며 알았습니다. 제 얼굴은 그림으로 그릴 만큼 특색이 없다는 것을. '아무나 안 그린다'는 말을 곱씹게 되더군요. 비록 제 얼굴이 배우 한석규 씨를 빼닮긴 했습니다만, 화가에게는 어떤 감정의 격동도 일으키지 못하는 얼굴이었나 봅니다.

최 화백의 작품집 〈을지로순환선VR〉에는 서울 지하철 2호선을 타고 다니면서 전철 안, 전철역 주변의 여러 풍경과 사람들 모습이 세밀화로 그려졌습니다. 다양한 표정과 자세, 삶의 굴곡을 가진 수십 명의 사람이 한 화면에 빼곡히 담겼습니다. 식당에서 본 것처럼, 그의 그물에 걸린 인물들을 이리저리 조합해 작품을 완성해나갔을 겁니다. 그들은 마치 대하소설의 등장인물처럼 고유한 성격과 독특한 이력을 지닌 듯했습니다.

화가 이야기를 이렇게 길게 하는 이유는 글이란 것도 사람들에게 감정의 격동을 일으켜야 한다는 얘기를 하고 싶어서입니다. 정보 전달이 목적인 글도 있지만, 우리가 쓰려는 건 감동이 있는 글입니다.

감동은 글로 보여주는 장면에 공감할 때 밀려옵니다. 공감은 남의 감정이나 생각을 자신도 똑같이 느낄 때 생깁니다. 공감을 얻으려면 독자가 자기 경험을 바탕으로 한 상상력을 자극해야 합니다. 상상력은 독자의 머릿속에 장면 하나가 실감 나게 떠올라야 꿈틀거립니다. 사실을 말한다고 되는 게 아닙니다.

최호철 화백의 〈을지로순환선VR〉.

생김새에 대한 실마리

'다시 가고 싶은 장소'를 주제로 장면을 제시하는 글을 쓴다고 해보죠. '학교 가는 길'을 쓴 혜욱 님의 글을 읽어 봅시다.

그리움을 안고 살아도 가볼 용기가 나지 않는 곳이 있다. 도봉산 봉우리 중 선인봉이 가장 잘 보이는 그 아래, 태어나 처음으로 다닌 학교. 유치원을 다니지 않은 내게 초등학교 입학은 굉장한 기대와 떨림, 그리고 설렘이었다. 집 근처에는 초등학교가 없어서 50분을 걸어가야만 했지만, 학교 가는 길에는 흥미로운 곳이 많아 지루하지 않았다.

집에서 30분쯤 걸어가다 보면 무당이 사는 집이 있었다. '무당은 정말 귀신과 얘기를 할까?'라는 호기심에 그곳을 지날 때마다 흘깃 기웃거렸고, 하굣길에 운이 좋으면 굿을 하는 장면을 구경하기도 했다. 하지만 무당과 눈이 마주칠 때면 제일 먼저 도망쳤다. 무서워서.

무당집에서 15분쯤 걸어가면 이번엔 맑고 넓은 개울가가 나온다. 아마 도봉산 중턱에서부터 흐르는 물줄기일 것이다. 거기에는 징검다리가 있어서 느린 스텝을 밟으며 춤을 추듯 징검다리를 건넜고, 하굣길에는 친구들과 물장난을 하며 노느라 집으로 돌아가는 길이 훨씬 더 길고 길었다.

징검다리를 건너면 마지막으로 미로의 골목이 기다리고 있었다. 골목 속에 또 다른 골목이 연달아 있어 친구들과 서로 다른 길로 가면서 누가 먼저 빠져나오는지 내기를 하기도 했다.

골목을 벗어나면 드디어 학교 정문이 나왔다. 학교 뒤에는 도봉산이 병풍처럼 서서 사계절의 그림을 멋들어지게 그려 주었다. 1학년의 눈에 학교 운동장은 어마어마하게 넓어서 이보다 더 넓은 운동장은 존재하지 않을 것이라고 생각했다. 한 반에 60명이 넘는 인원에 아침반과 오후반으로 나뉘어 있을 정도로 학생이 많았지만, 과밀이라는 생각이 들지 않고 오히려 친구가 많아서 좋다고 생각했었다. 늘 몸이 약해서 어쩌다 학교에 나가도 모두가 반갑게 맞아준, 고마운 이들이 있는 학교를 멀다는 이유로 4학년 때 억지로 전학을 가야만 했던, 언제나 그리웠던 곳. 언젠간 한 번쯤은 꼭 가보리라는 생각과 동시에 차마 갈 수가 없는 곳.

'애걔~ 이게 개울이야? 미로 골목은 무슨~! 어머, 운동장이 뭐 이렇게 코딱지만 해? 이렇게 작은 교실에서 어떻게 60명이 넘는 아이들이 공부를 했대?…'라는 말로 황순원의 소설 〈소나기〉와 비슷한 풍경이라 믿고 있는 기억과 마음에게 그 세월을 얼룩지게 만들까 봐. 두려움, 용기 없음에 어쩌면 그곳은 영원히 가지 못하는 곳이 될지도 모르겠다.

50분이나 걸리는 초등학교 가는 길에 흥미로운 곳이 많아 기억에 남는다는 내용입니다. 그러면서 무당집, 개울, 미로를 닮은 골목, 학교 정경을 순차적으로 제시했습니다. 등굣길 여정을 쓰므로 글감이 나열되는 걸 피할 수는 없지만, 각 대상의 장면을 떠올리게 하면 더 좋았을 겁니다.

무당집에 대한 기술을 보죠. "집에서 30분쯤 걸어가다 보면 무당이 사는 집이 있었다. '무당은 정말 귀신과 얘기할까?'라는 호기심에 그곳을 지날 때마다 기웃거렸고, 하굣길에 운이 좋으면 굿하는 장면을 구경하기도 했다. 하지만 무당과 눈이 마주칠 때면 무서워서 제일 먼저 도망쳤다."

자, 여기서 중요한 걸 놓쳤습니다. 바로 '무당집' 자체입니다. 수십 년이 지났는데도 무당집이 기억난다면, 그건 글쓴이에게 중요한 글감이었겠죠. 그런데 '무당이 사는 집이 있었다' '지날 때마다 기웃거렸다' '굿하는 장면을 구경하기도 했다'고만 하면, 독자는 그 집을 실감 나게 떠올리지 못합니다. '대나무 깃대에 붉은 깃발과 하얀 깃발이 바람에 휘날리고 있었다'거나 '흰색 여닫이문에는 붉은 글씨로 '만자 만卍'자가 크게 쓰여 있었다'는 식의 서술로 독자가 무당집 생김새를 상상하게 해야 합니다. 그걸 실마리 삼아 그 집에 얽힌 사건에 동참할 수 있습니다. '개울가'나 '골목길'도 마찬가지입니다. 무엇을 했다고 말하기 전에, 그곳이 어떻게 생겼다는 걸 먼저 알려줘야 독자도 그곳에서 함께 물장난도 치고, 미로를 닮은 골목에서 친구들과 빨리 빠져나오기 시합을 함께 할 수 있습니다.

물론 모든 문장에서 장면을 떠올리게 할 수는 없습니다. 하지만 자기 마음을 사로잡은 글감에 대해서는 장면을 보여줘야 합니다. 마음에 드는 사람을 만났다는 친구가 '그는 눈이 둘 있고, 코가 하나 있고, 입이 하나 있었다'라고 설명한다면 얼마나 허탈하겠습니까. 헛웃음이 나오죠. '그는 잘생겼다'라는 문장도 비슷합니다. 더 나아가야 합니다. '실핏줄이 보이는 그의 뺨은 그가 이 추한 세상에서도 여전히 순수함을 옹호하고 있음을 웅변하고 있었다'는 식으로요.

글의 정서가 느껴지도록

저는 글의 주제보다는 글의 정서가 중요하다고 생각합니다. 글이 따뜻한가 차가운가, 긍정적인가 비관적인가, 기쁜가 슬픈가, 경쾌한가 무거운가, 격정적인가 차분한가, 화려한가 담백한가 하는 느낌 말입니다. 그런 정서를 갖게 하려면, 독자를 가만히 놔둬서는 안 됩니다. 머릿속에서 뭔가를 상상할 수 있게 해야 합니다.

식당에 가득 앉은 손님 가운데 눈에 띄는 사람 하나를 찾아 그 사람만 그리듯이 글도 그래야 합니다. 독자의 정서를 불러일으키려면 주제와 직접 관련 있는 캐릭터를 장면 속에 등장시켜야 합니다. 저처럼 평면적인 얼굴은 그림의 대상으로 포착되기 어렵습니다. 어떤 감정을 불러일으키지 못한다는 뜻입니다.

군중 속에 있는 사람 중 하나일 뿐입니다. 자신이 지금까지 기억하는 사람과 사건이 다른 사람의 흥미를 끌지 못한다면 안타까운 일이죠.

영화의 주인공은 1명(또는 2명)이듯이, 글에서도 하나의 캐릭터가 주인공이어야 합니다. 나머지는 조연입니다. 조연은 주인공이 주제를 향해 달려가도록 돕는 역할을 하죠. 주제를 드러내지 못하는 건 과감히 지우거나 간단히 언급하고 넘어가야 합니다. 글감을 여러 개 떠올렸다고 그것들이 모두 같은 무게를 차지하면 안 됩니다. 나를 사로잡는 장면을 집중적으로 보여줄 때 독자의 상상력을 자극할 수 있습니다.

《노인과 바다》를 쓴 미국 소설가 어니스트 헤밍웨이는 (영어로) 여섯 단어로만 된 소설 한 편을 쓸 수 있는지 지인들과 내기했다고 합니다. 당연히 그는 내기에서 이겨 판돈을 다 챙겨갔죠. 그가 쓴 여섯 단어짜리 소설을 한번 보죠.

팝니다: 아기 신발, 한 번도 안 신었음.
(For sale: baby shoes, never worn.)

어떤가요? '상상력'이 자극되나요? 슬픔의 감정이 밀려오나요? 한 문장인데도 독자는 나머지 공백을 상상력으로 채웁니다. 감정이입을 잘하는 사람은 눈물이 날지도 모릅니다. 기쁨과 기대의 대상이던 아이에게 어떤 비극적 상황이 벌어졌을지 상상하게 되죠. 출산 중에 아이가 잘못됐을 수도 있고, 교통사고로 산모와 아이가 모두 목숨을 잃었을 수도 있습니다.

이렇게 한마디로 독자의 상상력을 자극하는 건 글쓰기 달인의 경지이고요. 우리처럼 평범한 사람은 당장 저렇게까지는 못 씁니다. 그 수준에 도달하려 꾸준히 애쓸 뿐입니다. 조금 긴 글을 보죠. 여러분 머릿속에 장면 하나가 그려지는지 생각하며 읽어보세요.

사람의 죽음을 가까이서 지켜본 일이 있었다. (중략) 아직 살아 있는 나는 죽어가는 그를 바라보았고, 그는 마지막 망막의 기능으로 아직 살아 있는 나를 바라보았다. 나는 그의 마지막 망막에 비친 살아 있는 나를 바라보았다. 그의 마지막 망막에 비친 살아 있는 나의 모습은 어떠한 것이었을까. 죽어가는 그와 마찬가지로, 한 줌의 공기나 바람은 아니었을까.

그때 나는 그런 생각을 하면서 무서웠다. 그와 나는 마지막 시선을 교환하면서 작별했고, 차가운 흙구덩이로 들어가야 하는 것은 오로지 그의 몫이었다. 그리고 또 나의 몫이기도 할 것이었다. 다 똑같이 구덩이 속으로 들어가야 하지만, 그 무서움은 공유되는 것이 아니고 각각 저마다의 몫

일 뿐이다.

나는 춥고 어두운 흙구덩이로 들어가야 할 일이 무섭다. 그래서 살아 있는 동안의 무사한 하루하루에 안도한다.

- 김훈, 〈무사한 나날들〉, 《바다의 기별》, 생각나무, 2008년, 32~33쪽.

이 글은 죽음의 상황을 보여주기 위해 서로를 바라보는 장면을 기술하는 데 집중했습니다. 다른 얘기는 꺼내지도 않았습니다. 그런데도 우리는 죽어가는 사람을 바라보며, 그의 눈에 비친 자기 모습을 상상하게 됩니다.

평범한 사람들의 글쓰기로 넘어가봅시다. 다음 두 글을 비교해보세요.

① 우리 집 강아지 미르가 자기 집에서 죽어 있었다.

② 동그란 회색 방갈로 모양의 개집, 미르는 낮잠을 늘어지게 자듯이 네 다리를 쭉 뻗고 죽어 있었다. 미처 누울 자리를 덜 찾아간 듯, 머리를 어두운 방 깊숙이 밀어넣고는 엉덩이를 밖으로 내밀고 납작하게 누워 있었다.

두 글은 모두 강아지가 죽은 장면을 썼지만, 드러내는 감각은 다릅니다. ①의 문장은 글쓴이의 강아지가 죽었다는 정보만 전달할 뿐입니다. 이에 비해 ②의 문장은 독자의 머릿속에 강아지가 어떤 자세로 죽어 있는지 하나의 장면을 떠올리게 합니다. 게다가 '미처 누울 자리를 덜 찾아간 듯'이나 '납작하게 누워 있었다'와 같은 표현으로 강아지의 죽음을 대하는 글쓴이의 비극적 감정도 느낄 수 있습니다.

우리가 다루는 글감은 대부분 '흔한' 것임을 잊지 마시기 바랍니다. 우리 삶도 겉보기엔 다 흔하디흔합니다. 날마다 반복되는 게 '일상'이고, 흔히 벌어지는 일이라 '일상다반사'입니다. 반려동물의 죽음도 '흔한' 일입니다. 우리가 쓰는 문장도 '흔한' 문장입니다. 흔한 것일수록 장면을 실감 나게 그려내지 않으면, 독자는 그 흔한 이야기를 정보 처리하듯 순식간에 지나쳐버립니다. '아버지의 구두가 낡았다'는 문장은 정보만 전달할 뿐이지만, '아버지의 구두 뒷굽은 닳아서 엄지손가락을 넣어도 될 정도였다'고 하면, 독자는 머릿속에서 낡은 구두 뒷굽에 손가락을 집어넣는 모습을 상상할 겁니다. 멋진 문장을 쓰라는 게 아닙니다. 장면을 상상하게 하는 글을 쓰라는 말입니다.

'낯섦'은 흔한 것에서 발견한다

얼굴을 특이하게 만든답시고 입을 둘로 늘리거나 눈을 하나로 합칠 수는 없습니다. 우리 얼굴은 다 엇비슷하지만, 그 속에 독특함이 있습니다. 최호철 화백이 좀 더 애정 어린 눈으로 제 얼굴을 쳐다봤다면, 제 아랫입술 오른쪽에 검푸르게 튀어나온 점을 볼 수도 있고, 몇 가닥 나지도 않는 수염 가운데 뜨문뜨문 돋아난 흰 털에 흥미를 느꼈을지도 모릅니다.

내 글이 다루는 대상은 흔한 것이지만, 그 속에서 독특한 면을 보여줘야 합니다. 흔한 것 속에 독특하고 새로운 것을 찾아내야 합니다. 그러기 위해 인상 깊은 장면을 멈춘 듯이 세밀하게 보여줘야 합니다. 낯섦은 흔한 것에서 발견합니다. 흔한 것 속에서 낯선 것을 찾아내야 합니다. 그러기 위해 장면을 제시해야 합니다. 그러면 감정이 요동치는 상상력을 자극할 수 있습니다.

나는 보았지만 독자는 보지 못했다

글 쓰는 사람들이 흔히 까먹는 게 있습니다. 나는 보았지만 독자는 보지 못했다는 것. 나는 느끼지만 독자는 느끼지 못한다는 것. 다시 말해, 독자는 현장에 없었다는 것. 그 차이를 잊으면 자기 경험을 간단하고 추상적인 말로 합니다. 영화를 보고 나서 '엄청 재미있다' '감동적이었다'고 쓰거나, 음식을 먹고 와서 '맛있다, 강추!'라고 합니다. 독자는 영화의 재미와 음식의 맛을 느낄 수 없죠. 제대로 전달되지 않습니다. 직접 경험한 사람이야 '재밌다, 맛있다, 멋있다, 예쁘다, 잘생겼다, 슬프다, 기쁘다, 시끄럽다, 조용하다, 걱정이다, 부끄럽다, 두렵다'라고만 해도 그 기억이 파노라마처럼 실감 나게 다시 떠오르지만, 아쉽게도 독자는 별다른 공감 없이 (전속력으로) 지나쳐버립니다.

묘사는 기계적인 설명이 아니다

묘사는 도처에서 사용됩니다. 우리는 모든 걸 다 묘사할 수 있습니다. 눈에 보이는 것이든 눈에 보이지 않는 것이든요. 움직이는 것도 움직이지 않는 것도 묘사할 수 있고, 사건도 묘사할 수 있고, 생각도, 대상(인물)의 성격도 다 묘사할 수 있습니다. 모든 것이 묘사입니다. 다만 친절한 묘사와 불친절한 묘사, 또는 매력적인 묘사와 매력 없는(그저 그런) 묘사가 있을 뿐입니다.

'나는 부끄러웠다'라는 표현도 묘사입니다. 독자에게 그 감정이 전해지지 않아 불친절한 묘사일 뿐입니다. 친절한 묘사는 부끄러움의 모습을 보여주려고 애씁니다. 얼굴이 붉어진다거나 땀이 난다거나 마른침만 삼킨다거나 엄지손가락을 쥐어뜯는다거나 괜히 과하게 웃는다거나 하는. 장면이나 느낌을 어떻게 표현하면 독자의 머릿속에 '비스름한' 이미지를 떠올릴 수 있게 할까요?

다음 사진의 장면을 글로 묘사한다고 해봅시다. 여러분은 어떻게 쓰시렵니까?

사진 신소영, 〈기교가 아니다, 사로잡힘이다[무적의 글쓰기]〉, 《한겨레21》 1453호.

흔하게는 맨 왼쪽부터 한 사람씩 훑어오는 거죠. '왼쪽 첫 번째 회색 중절모를 쓴 노인은 뭔가를 말하고 있고 그 옆에 앉은 노인은 웃음 띤 얼굴로 얘기를 듣고 있다. 세 번째 노인은 손을 가지런히 모은 채 먼 곳을 바라보고 있다. 네 번째 노인은 약간 다른 방향을 쳐다보고 있다. 다섯 번째 노인은… 여섯 번째 노인은… 일곱 번째 노인은 책을 읽고 있다.' 이런 식으로 복사하듯이 죽 훑으면서 다 언급하면 묘사가 잘된 걸까요(묘사되긴 된 겁니다만!). 앉아 있는 노인이 일곱이 아니라, 100명이면 어쩌시렵니까. 다 읊기만 해도 단편소설 한 편 분량은 나오겠는데요.

'묘사하라 해서 했더니 또 딴소리네. 뭘 어쩌란 말이야!'라고 하시겠네요. 일단 '눈에 보이는 걸 글로 옮긴다고 묘사가 잘되는 건 아니다' 정도로 정리하고 다음 단계로 넘어갑시다.

예를 하나 더 보죠. 다음 글은 가브리엘 루아의 《내 생애의 아이들》이라는 책 속에서 노래를 잘하는 초등학생이 양로원에 공연하려고 갔는데, 강당을 가득 메운 노인들의 모습을 묘사한 대목입니다. 어떤 분위기가 느껴지는지 주목하면서 한번 읽어 보세요.

맨 앞줄에는, 노인 한 사람이 이미 오래전에 모든 과일들을 다 떨구었는데도 사람들이 흔들고 또 흔들어대는 한 그루 사과나무처럼 경련을 못 이겨 전신을 흔들며 몸부림치고 있었다. 또 어디선가는 속이 빈 고목의 그루터기 속에 갇힌 바람인 양 거친 휘파람으로 숨을 몰아쉬는 소리가 들렸다. 또 다른 노인 하나는 죽음과도 같은 고통 속에서 자신의 숨소리를 따라 뛰고 있었다. 홀 한가운데 어디선가에는 반신불수의 남자가 생기 없는 얼굴에 견딜 수 없을 정도로 초롱초롱한 눈빛을 반짝이고 있었다. 어느 가엾은 여자는 부풀어 오른 살의 거대한 무더기에 불과하다는 인상이었다.

- 가브리엘 루아 지음, 김화영 옮김, 《내 생애의 아이들》, 현대문학, 2003년, 69쪽.

어떤 느낌이 드나요? 도저히 공연하기 어려울 정도로 어수선한 분위기, 또는 죽음을 향해 달려가는 늙고 병든 사람들의 애잔한 정서가 느껴지나요? 중요한 것은 강당을 가득 메운 노인 중에서 오직 5명의 노인만을 묘사했다는 겁니다. 그렇게만 해도 어떤 '분위기'인지 상상할 수 있습니다.

구구절절 자세히 쓴다고 묘사가 잘되는 게 아닙니다. 묘사는 '독자'(저자가 아닙니다!)의 마음속에 여러분의 경험과 비슷한 걸 떠올리게 하는 것입니다. 물론 '나는 부끄러웠다'고만 써도 괜찮습니다. 하지만 '부끄럽다'는 감정을 독자도 함께 느낄 수 있을지 생각해봐야 합니다. 좋은 글은 독자에게 저자가 느낀 정서를 느끼도록 합니다.

선택하기, 유보하기, 묻기

그러고 보니 묘사를 잘하려면 두 가지가 필요하네요. 첫째, 글쓴이가 어떤 대상이나 상황에 대해 느낀 감흥이 있어야 합니다. '사로잡힘'. 이게 먼저입니다. 감흥은 뭔가에 사로잡혔을 때 느끼는 감정입니다. 묘사하려면 내 마음을 사로잡는 감정, 내 마음에 아로새겨지거나 솟아나는 게 뭔지를 먼저 생각해야 합니다. 기쁨, 즐거움, 슬픔, 설렘, 낯섦, 호감, 다정함, 서먹함, 걱정, 분노, 무심함, 뭐 이런 느낌이나 이미지들 말입니다.

솔직히 저는 앞에서 본 사진에 대해 글을 쓰라면, 잘 못 쓸 것 같습니다. 지금으로선 저를 사로잡을 만큼 충만한 느낌이 들지 않아요(저 장면을 글감 삼아 글을 써야 한다면, 시간을 내서 저

현장에 가볼 겁니다). 그게 없으면 묘사하기가 어렵습니다. 묘사는 기교가 아닙니다. 기교일 수가 없습니다. 묘사는 주장에 가깝습니다. 내가 주목한 것에 당신도 주목하라고 주장하는 것입니다. '내가 느낀 걸 당신도 느껴! 다른 건 보지 말고 내가 보라는 것만 봐!' 그러니 감흥이 없다면, 독자의 심장을 제대로 겨눌 수 없습니다. 묘사의 핵심은 교과서에 나오듯이 '그림 그리듯이'도 아니고 '생생하게'도 아닙니다. '감흥' 그리고 '사로잡힘'입니다.

둘째, 그런 감흥을 일으키는 요소를 찾는 겁니다. 어떤 감정이나 이미지, 느낌을 갖게 하는 요소가 뭔지를 찬찬히 생각해보는 겁니다. 앞의 사진에서 '노년의 헛헛함'을 느꼈다면 그런 감흥이 서로 다른 곳을 바라보는 시선 때문인지, 주름살 때문인지, 모자와 신발 때문인지, 표정 때문인지, 앉은 자세 때문인지, 도로변이라는 냉정한 공간 때문인지 찾아보는 거죠.

내가 어떤 감흥을 받았다면 그런 느낌을 자극하는 요소가 '선택'된 겁니다. 선택이란 말은 당연히 선택하지 않고 지나치는 게 있다는 말입니다. 양로원 강당에 모인 노인들을 보면서 '애잔하다'는 느낌을 갖게 한 결정적인 대상을 택하고 나머지 요소는 (아쉽겠지만) 쓰지 않는 것입니다. 묘사는 '선택'하는 작업입니다.

감흥을 곧바로 토로하는 게 아니라, 그 감흥의 기원을 더듬으려고 해야 합니다. 감정을 곧바로 보이는 게 아니라 그런 감정을 갖게 한 것을 보여주려고 해야 합니다. 그러다 보니 자연스럽게 묘사는 유보적 태도를 길러줍니다. 뭐든 떠오르는 대로 내뱉는 게 아니라, 숨을 한 번 더 쉬고 '무엇이 이런 감정을 갖게 했을까?' 묻는 습관을 갖게 합니다.

대상을 만끽하려는 용기

그래서 묘사는 간접성이라는 성격을 강하게 갖습니다. 감흥은 보여줄 수 없습니다. 보고, 듣고, 냄새 맡고, 만지고, 맛보는 등의 감각적인 것들로 대신 나타낼 수 있을 뿐입니다. 글 쓰는 사람에게 '현장'이 중요한 것은 대상을 온몸으로 느끼고 관찰할 수 있기 때문입니다. 눈뿐만 아니라 코, 귀, 손, 혀 모두를 동원할 수 있습니다. 어떤 감각이 동원될지는 모릅니다.

비록 감흥과 요소 찾기를 선후로 나눴지만, 말이 그렇다는 것이지 실제로는 선후가 없습니다. 동시에 일어납니다. 감흥이 일어나려면 뭔가를 대면해야 합니다. 아무것도 경험하지 않고 뭔가에 사로잡힐 수는 없습니다. 그러면 경험이 먼저일까요? 경험이 많다고 뭔가에 잘 사로잡히는 것도 아닙니다. 제가 딱 그렇습니다. 저는 좋은 경치를 보고도 별다른 감흥을 못 느낍니다. 옆 사람은 깊은 탄성을 지르는데도 저는 그저 무덤덤하게 쳐다볼 뿐입니다. 농반진반으로 태백산맥 한가운데서 호연지기를 키웠더니 이 정도 경치는 별로 놀랍지 않다고 변명합니다. 하지만 진실은 감탄의 정서를, 만끽하고자 하는 의지를, 사로잡히려는 용기를 키우지 않았기 때문입니다.

좋은 묘사는 대상을, 세계를, 현재를, 감정을 충실히 감각한 사람이 할 수 있습니다. 만끽하고 나면 친절하게 묘사할 수 있습니다. 마음에 새겨지지 않아서 잘 못하는 겁니다. 마음에 새겨진 걸 풀어내지 못할 사람은 없습니다. 글을 쓰는 사람은 자신의 감각을 총동원해서 대상을 만끽해야 합니다. 어제보다 더 잘 보고, 더 잘 듣고, 더 잘 느끼는 법을 배워야 합니다. 그래야만 실체에 한 발짝 더 다가가게 됩니다.

기꺼이 사로잡혔기 때문에

무감각한 저에 비해, 전남 완도에 사는 황화자 할머니는 '그리움을 만끽한' 사람만이 쓸 수 있는 글을 썼습니다.

유방암 진단받은 나한테

남편이 울면서 하는 말,

"5년만 더 살아."

그러던 남편이

먼저 하늘나라로 갔다.

손주 결혼식에서 울었다.

아들이 동태찜 사도 눈물이 났다.

며느리가 메이커 잠바를 사줄 때도 울었다.

오직 한 사람 남편이 없어서.

- 황화자, 〈오직 한 사람〉, 고금비전한글학교 시화집 《할 말은 태산 같으나》, 2020년.

눈물이 날 때가 그때뿐이겠습니까. 할머니는 '그리움'에 푹 빠져 있기 때문에, 그 그리움의 근원을 충분히 관찰했기 때문에 '손주 결혼식, 동태찜, 메이커 잠바' 같은 구체적인 상황을 선택할 수 있었을 겁니다. 저는 아직 '죽은 남편' 처지도 아닌데, 이 글을 읽을 때마다 눈물이 납니다. 글쓴이가 이 세계를 온몸으로 받아들일 때, 독자도 함께 그 감정에 사로잡힙니다. 묘사는 기교가 아니라, 사로잡힘입니다.

새로운 말의 세계로

은유가 뭔지 자신 있게 답하는 사람은 드물지만, 국어 시간에 배웠던 은유의 예를 떠올려보라 하면 틀림없이 "내 마음은 호수"라고 말합니다. 한결같습니다. 수십 년 동안 오직 이 시구절만 떠올립니다. 국어 교육이 굳건히 잘됐다고 해야 할지, 변한 게 하나도 없다고 해야 할지 모르겠군요.

저는 국어 교육, 특히 글쓰기 교육에서 놓친 것 중 하나가 은유를 협소하게 가르치는 것이라고 생각합니다. 문장을 멋지게 꾸미는 수사법 중 하나라고 말이죠. 은유를 글을 쓰는 기교나 장식으로 본다는 뜻입니다. 은유가 장식품이라면, '있으면 좋고 없어도 그만'일 겁니다. 하지만 은유는 장식품이 아닙니다. 은유는 그것보다 훨씬 중요합니다. 우리는 은유와 함께 생각하고 함께 삽니다(언어 자체가 은유라고 말할 수 있을 텐데, 그러면 니체 얘기를 해야 하니 참습니다).

상상과 창조의 최전선

은유는, A란 대상을 있는 그대로 말하는 게 아니라 B라는 다른 대상에 빗대어 말하는 방식입니다. 원래 A와 B는 전혀 다른 성격을 갖기에 같은 자리에 앉을 일이 없었습니다. '마음'과 '호수'는 전혀 다른 영역의 낱말인데, 이 둘을 강제로 접속시킴으로써 갑자기 둘 사이에 닮은 점을 찾게 됩니다. 이전에 상상해보지 않았던 유사성이 만들어집니다. 그래서 은유는 글이 가닿을 수 있는 상상과 창조의 최전선입니다.

흔히 은유는 'A는 B다' 형식을 갖는다고 하는데, 꼭 그런 것은 아닙니다. 단어나 구절 속에도 은유가 숨어 있습니다. 말을 가만히 들여다보면 은유가 들어 있지 않은 곳이 없습니다. 너무 흔해 느끼지 못할 뿐, 은유가 넘쳐납니다.

예컨대, '눈사람'이란 말도 은유입니다. 이 말이 은유라고요? 은유입니다. 눈이 사람일 수는 없잖아요. 눈덩이 2개를 붙여놓는다고 사람이 될 수는 없습니다. 그걸 '두눈덩이를붙인 것'이라 하면 마음이 삭막해질 것 같네요. 사람도 아닌 것을 '사람!'이라 부르며 좋아합니다. 눈덩이 2개 붙인 것과 사람은 전혀 다른 물성을 갖지만 닮았다고 생각합니다. 그렇다고 진짜 '사람'이라 생각하지는 않죠. 은유적 표현에 등장하는 두 요소는 닮음(유사성)과 다름(이질성)이 동시에 작용합니다.

   '꽃'이 들어간 말도 그렇습니다. '벚꽃'이야 식물 이름(벚나무) 뒤에 '꽃'을 붙여 만든 말이지만, '접시꽃, 제비꽃, 달맞이꽃'은 꽃 모양을 보면서 다른 영역의 말을 끌어들여 이름을 붙였습니다. '눈꽃, 불꽃'은 진짜 '꽃'도 아니네요. 누군가 가지에 쌓인 눈을 보며 '꽃을 닮았군' 하면서 눈꽃이란 이름을 붙였을 겁니다. 그렇다고 눈꽃을 진짜 꽃이라 생각하지는 않습니다. '웃음꽃'을 피우거나 '이야기꽃'을 피운다고 할 때도 '웃음'과 '이야기'를 '꽃'이라는 전혀 다른 영역과 연결해 붙인 말입니다. 땀에 젖은 옷이 마르면 허옇게 생기는 얼룩을 '소금꽃'이라 부릅니다. 꽃이 아닌데 꽃이라 부릅니다. 어떤 대상을 좀더 친숙한 다른 무엇과 함께 씀으로써 그 대상이 달리 보입니다. '땀얼룩'과 '소금꽃'의 거리만큼 대상이 다르게 보입니다. '책'에도 '책등'이나 '책날개'가 있죠. 책에 동물의 등이나 날개가 달렸을 리 없는데도 그렇게 부릅니다. 모두 그 속에 은유가 도사리고 있군요.

세계를 다양하게 해석하려는 욕망

낱말의 뜻은 계속 변하는데, 그 변화의 원동력이 은유입니다. 애초에 쓰이던 영역과 전혀 다른 영역에 그 낱말을 쓰다 보면 뜻이 바뀌고 확대됩니다. '먹다'의 뜻이 뭔가요? '밥'을 비롯한 음식물을 섭취한다는 뜻이겠죠. '먹다'는 음식물과 결합할 때 자연스럽습니다. 그런데 어떤 괴짜 하나가 재미 삼아 이 말을 다른 데 써봅니다. '욕을 먹었다!' '욕을 들었다'라고 해도 충분할 텐데, 그 괴짜는 이렇게만 쓰는 게 따분했나봅니다. 이야기 영역에 속하는 '욕'을 '먹다'라는 음식 섭취 행위와 결합했습니다. 재미있군요. 은유입니다. '나이를 먹다, 돈을 먹다, 겁을 먹다, 더위를 먹다', 모두 은유입니다.

추상적 개념은 은유의 도움 없이는 상상조차 할 수 없습니다. 대표적으로 '시간'을 들 수 있습니다. 볼 수도, 들을 수도, 만질 수도 없는 시간을 여러분은 어떻게 생각하고 어떤 말로 표현하나요? 흔히 '시간이 간다, 온다, 흐른다'고 하지요. 사람도 아닌 시간이 어떻게 오거나 갈 수 있죠? 시간을 마치 과거-현재-미래로 이어지는 선 위를 '움직이는 사물'로 생각하니 이런 표현을 쓰는 거겠죠. 그러니 시간을 '맞이하기'도 하고 '보내기'도 합니다. 만질 수 있는 사물로 생각해 '시간이 많다, 적다, 있다, 없다, 남다, 모자라다'라는 표현도 씁니다. '귀한 물건'으로도 생각해 '시간을 아끼고, 벌고, 절약하거나, 낭비한다'고 말합니다. 은유를 통하지 않고는 시간을 표현할 수 없습니다. 일상언어에 깊이 박힌 은유이죠.

김광석의 노래 〈서른 즈음에〉도 은유가 넘쳐납니다.

"또 하루 멀어져간다. 내뿜은 담배 연기처럼. 작기만 한 내 기억 속에 무얼 채워 살고 있는지. 점점 더 멀어져간다. 머물러 있는 청춘인 줄 알았는데. 비어 가는 내 가슴속엔. 더 아무것도 찾을 수 없네."

발이 달린 것도 아닌 '하루'가 어떻게 멀어져갈 수 있죠? 기억이나 가슴은 그릇도 아닌데 어떻게 채우거나 비울 수 있겠어요. 사람도 아닌 청춘이 어떻게 어딘가에 머물러 있겠습니까. 그런데도 어렵지 않게 이해되죠. 우리는 '은유로 생각하기'의 달인입니다.

'비난의 화살, 돈의 노예, 열광의 도가니, 절망의 구렁텅이, 침체의 늪, 상상의 날개' 같은 말도 은유입니다. '비난'을 '화살'로 바꿔 생각하는 놀라운 신통력! '새까만 후배, 새빨간 거짓말, 눈먼 돈, 무거운 침묵, 뜨거운 박수'도 마찬가지입니다. '새까만 후배'는 얼굴이 까만 후배가 아니라, 나이 차가 꽤 나는 시간의 영역을 색채 영역으로 전환해 표현한 거죠. 일상언어 속에 은유가 많다는 건 세계를 새로운 방식으로 해석하려는 인간의 욕망이 담겨 있다는 뜻이겠죠.

언어는 세계를 다 담지 않는다

은유는 단어나 문장에만 그치지 않습니다. 좋은 글은 추상적 주제를 은유로 손에 잡힐 듯이 구체화해 이해하게 만듭니다. 인류학자 클로드 레비스트로스는 인간 사회를 온도의 차이로 은유화해 '차가운 사회'와 '뜨거운 사회'로 나눕니다. '차가운 사회'는 놀이를 없애면서 제의의 영역을 확장하려는 정체된 사회이고, '뜨거운 사회'는 제의를 없애면서 놀이의 영역을 넓히려는 역동적 사회라는 것입니다. 지그문트 바우만이란 학자는 근대를 '정원사의 사회'로, 현대를 '사냥꾼의 사회'로 은유해 책 1권을 썼습니다.

지금까지 은유가 도처에 널렸다고 했는데, 이게 왜 글쓰기에서 중요할까요? 우리가 글을 쓰거나 책을 읽는 이유는 인간과 세계에 대해 이전과 다른 새로운 해석을 시도하기 때문입니다. 남들과 똑같은 글을 다시 쓸 필요는 없을 테니까요. 앞에 열거한 일상언어의 예는 모두 기성품입니다. 신상품이 없습니다. 신상품은 눈길을 끌고 발길을 멈추고 생각하게 만듭니다. 내 글에 새로운 은유를 담아야 하는 이유입니다.

저도 글을 쓸 때 은유적 표현을 쓰려고 합니다. 예를 들면 이런 은유를 써왔더군요. '말은 세계를 베어내는 칼이다' '의미는 팔랑귀다' '가끔 말은 선을 넘는다' '말에도 말썽꾼이 있다' '말은 입에 사는 도깨비다' '말은 일렁이는 불꽃이다' '된소리의 반격이 시작됐다' '말소리는 의리가 없다, 바람둥이다' '어떤 말엔 감정의 손가락이 달려 울음의 문고리를 잡아당긴다'. 짧게 인용하느라 문장만 나열했지만, 저 문장이 씨앗이 되어 한 편의 글이 됩니다. 은유는 한 편의 글을 관통하는 관점과 주제가 될 수 있습니다.

언어(말과 글)는 세계를 고스란히 비추는 거울이 아닙니다. 언어는 세계를 객관적으로 반영하지 않습니다. 그런 적이 한 번도 없습니다. 언어는 세계를 일정한 시선으로 이해하는 틀을 제공합니다. 세계를 형성하는 힘이 있습니다. 세계를 형성하는 힘을 가졌기에 내 글을 통해 세계가 어떻게 새롭게 재구성되는지 의식할 필요가 있습니다. 언어가 달라지면 현실에 대한 이해도 달라집니다. 은유를 써보면, 언어란 것이 고착되지 않고 순간순간 생성과 해체가 거듭되는 역동적 성격임을 몸소 느낄 수 있습니다.

말해지지 않은 말을 찾아서

그럼 어떻게 하면 될까요? 은유를 적절히 쓰려면 어떤 구체적인 사물이나 현상을 보면서 그걸 다른 영역에 적용해보는 겁니다. 은유의 소재는 널려 있습니다. 살면서 만나는 구체적인 사물과 온갖 경험이 은유의 소재입니다. 주변의 사물이나 현상을 보면서 그게 다른 무엇과 닮았는지, 무엇과 잇닿아 있는지 생각하는 습관을 들여보세요. '주변'이란 게 별것 아닙니다. 내가 직면한 모든 구체적인 겁니다. 씻고 밥하고 출근하고 걷고 일하고 만나고 먹고 놀고 얘기하는 모든 일상. 보고 듣고 만지는 모든 사물. 구두, 양말, 젓가락, 창문, 머리카락, 수세미, 컵라면, 리모컨, 파리채, 바퀴벌레… 끝이 없습니다. 우리의 모든 경험이 은유의 소재입니다. 그걸 다른 영역에 적용해보는 겁니다.

인생에 대한 글을 쓴다고 해보죠. '내 인생은 고달팠다'고 하면서 고달팠던 이야기를 곧바로 나열하지 말고, '내 인생과 닮은 게 뭐가 있지?'라고 생각해보는 겁니다. 이런 식이죠. '인생은 냉장고다' '삶은 물수제비다' '자동차 바퀴를 보며 산다는 게 뭔지 알게 됐다'. 반대로도 생각해보는 겁니다. '저 옷걸이는 무엇과 닮았지?' '이 삐걱거리는 대문을 무엇과 연결해볼까?' 이런 생각을 거듭하다 보면 새로운 말을 할 수 있습니다. 글을 안 쓰더라도 혼자 재미있게 시간을 보낼 수 있습니다.

물론 은유는 허구입니다. 현실 세계에서 일어날 수 없습니다. 그런데 인간은 허구인 은유로 현실을 새롭게 서술해왔습니다. 은유를 통해 현실을 다시 서술해온 겁니다. '내 마음은 호수'라는 말은 허구이지만 '마음'을 새롭게 해석해줍니다. 그렇다면 누군가 '내 마음은 선풍기야' '내 마음은 만년필이야' '내 마음은 길고양이야'라고 말한다면, 마음에 대한 또 다른 이야기가 나올 겁니다.

은유, 말의 세계를 짓는 망치

우리가 문학 하는 사람들에게 넘겨버린 게 바로 '은유를 만드는 능력'입니다. 그걸 다시 찾아와야 합니다. 문학 하는 사람의 전유물이라 생각해온 은유를 우리도 능수능란하게 쓸 수 있어야 합니다. 그래서 사람마다 다르게 세상을 볼 수 있음을 알려줘야 합니다. '언어가 세계를 건설한다'는 말이 가장 잘 적용되는 곳이 은유가 작동하는 공간입니다. 은유는 낡은 세계를 깨부수고 새로운 세계를 세웁니다. 은유 없는 글쓰기는 맨주먹으로 못을 박는 것과 같습니다. 은유는 새로운 말의 세계를 건설하는 망치입니다(이것도 은유네요).

불완전하다는 자유

이번에는 글쓰기 얘기를 하기 전에 언어 얘기를 먼저 하려고 합니다. 언어의 불합리성이랄까 불완전성이랄까 하는 얘기를요. 아니, '용기' 얘기일지도 모릅니다.

먼저 연필이나 볼펜과 함께 백지 한 장을 가져와볼까요. 거기에 당신의 자화상을 정성껏 그려보세요(제발). 종이도 없고 귀찮기도 하다면, 좋습니다. 머릿속 상상만으로라도 그려보기 바랍니다.

다 그렸나요? 그런데 왜 그렇게 그렸나요? 자화상이라고 그린 그림은 아마도 당신의 얼굴일 겁니다. 눈, 코, 입, 귀, 목, 얼굴선, 머리카락 같은 걸 그렸겠죠. 어깨선까지 그렸을지도 모르겠네요. 다시 묻습니다. 왜 그렇게 그렸나요? 당신의 몸은 얼굴 말고도 손도 있고, 배도 있고, 다리나 발, 뒤통수와 등도 있을 텐데요. '온몸', 몸뚱이 전체가 당신을 이루는 모습일 텐데 어째서 얼굴만 그리 열심히 그리셨나요? 우리는 얼굴만 그려놓고선 "나야!"라거나 "내 자화상이야!"라고 말합니다.

일부분으로 전체를 나타내기

게으르거나 숨기려고 그러지는 않았을 겁니다. 얼굴이 다른 사람과 가장 잘 구별되기 때문일 테지요. 손이나 발만 보여주고 그 손발의 주인이 누구인지 알기는 어렵습니다. 얼굴은 쉽죠. 그래서 주민등록증이나 여권에 붙은 증명사진은 전신이 아닌 얼굴만 나오나 봅니다. 얼굴만으로 온몸을 대신 보여준다!

숨바꼭질할 때 술래가 '꼭꼭 숨어라, 머리카락 보인다'를 외치고 친구들을 찾아다닙니다. 놀랍게도 우리는 장독대 뒤에서 나풀거리는 '머리카락'이나 '옷자락'만 보고도 친구가 있음을 알아차립니다. 동물들과 공유하는 능력입니다. 동물들도 대상의 일부분만 보고 대상 전체를 알아차립니다. 별것 아닌 것 같지만, 놀라운 능력입니다.

이처럼 일부분으로 전체를 대신 나타내는 방식을 언어에서는 너무나 흔하게 사용합니다. 예를 들어보죠. 밥 먹고 나서 "식탁 좀 치워줘" 하며 먼저 일어나는 경우가 있죠. 이 말을 곧이곧대로 듣고 식탁을 번쩍 들어 한쪽 구석으로 옮길 수도 있습니다만, 그것보다는 식탁 위에 있는 그릇을 부엌으로 옮겨달라는 뜻으로 읽는 경우가 더 많을 겁니다. 실제로 하는 행동은 '그릇'을 치우는 건데, 말로는 '식탁'을 치운다고 합니다.

선생이 학생한테 '칠판 좀 지워줘'라고 할 때, '칠판을 어떻게 지우라는 말씀입니까?'라고 항의하는 학생은 많지 않겠죠. '칠판을 지우다'라는 말은 칠판이 아닌, 칠판 위에 적힌 '글씨'를 지운다는 뜻입니다(정말로 칠판을 '지운다면' 어떻게 해야 하는 거죠?). '손을 씻다'와 '손을 들다'의 상황은 무척 다릅니다. '손을 씻다'는 손목 끝에 달린 부분을 씻는 것이지만, '손 들어'라는 말에 '손만' 들 수 있는 사람은 없습니다. 손이 붙어 있는 팔을 함께 들어야 합니다. 그런데도 손과 팔을 함께 들라고 하지 않고 손을 들라고만 합니다.

환유적 이해

사건에 대한 표현도 마찬가지입니다. 모든 사건은 시간 흐름에 따라 앞뒤가 있습니다. 앞에 벌어진 일이 있고 나중 일이 있는 거죠. 예를 들어, '고기를 굽는다'라는 말은 고기를 불에 올려놓고 굽는 겁니다. 안 익은 고기를 불에 올려놓고 어느 정도 시간이 지나면 고기가 익습니다. 안 익은 고기가 익은 고기로 변하죠. 물 끓이기도 마찬가지죠. 찬물을 불에 올려놓고 시간을 보내면 보글보글 끓는 물이 됩니다.

그런데 '빵을 굽다, 콩나물국을 끓이다' 같은 말을 가만히 들여다보면 '말이 안 되는' 표현입니다. 물론 어제 구워놓은 빵을 따뜻하게 먹고 싶어 '다시' 구울 수도 있습니다만, 보통은 적당히 반죽한 밀가루 덩어리를 오븐에 넣어 어느 정도 시간이 지난 다음에 꺼내야 '빵'이 됩니다. 그런데도 우리는 '밀가루 반죽을 굽는다'고 하지 않고, '빵을 굽는다'고 합니다. 어제 끓여놓은 콩나물국을 데우려고 다시 끓일 수도 있지만, 보통은 찬물을 부은 냄비에 시간차를 두고 다시마와 멸치, 콩나물, 간장과 소금, 고추나 파 같은 국거리 재료를 넣어 끓인 결과물이 '콩나물국'입니다. '구멍을 뚫다'라는 표현도 마찬가지죠. 벽에 드릴이나 망치로 조금씩 파서 '마침내' 뻥 하고 구멍을 냅니다. 구멍은 구멍을 내는 일련의 과정 맨 끝에 생긴 결과입니다. 그전에는 벽만 있을 뿐 '구멍'은 없습니다. 그래서 '벽을 뚫다'와 '구멍을 뚫다'는 같은 듯 다른 표현이 됩니다.

인간의 언어는 이런 식으로 어떤 걸 정확하게 콕 집어서 말하지 않고 그 옆에 가까이 있는 것으로 대신 말하는 경우가 많습니다. 말이 그렇다는 건 우리가 세상을 이해하는 방식도 그런 식이라는 뜻입니다. 사물과 현상을 있는 그대로 인식하지 않고 그 곁에 있는 다른 무언가로 대신 이해합니다. 이것을 환유라고 부릅니다. 문학에서는 환유를 수사법의 일종으로 보지만, 언어학에서는 환유를 기교나 장식으로 보지 않습니다. 그게 인간이 세계를 이해하는 방식이라는 겁니다. 인간은 이 세계를 환유적으로 이해합니다.

앞사람의 뺨에 점이라도 하나 있으면 눈은 어느새 그곳을 향합니다. 눈곱 낀 사람을 만나면 얼굴이 아닌 눈곱을 봅니다. 전체를 있는 그대로 보지 못하고 특이한 것, 두드러진 걸 선택적으로 봅니다. 어떤 편향이나 경향성을 가집니다. 그래서 이름 모를 사람을 지칭하면서 '저기 앉은 단발머리' '저기 뿔테 안경' '저기 반바지'라고 하는 거죠.

언어의 필연적 불합리성

그런 점에서 언어는 불합리합니다. 비논리적이라고도 할 수 있습니다. 수학적으로 똑 떨어지게 말하기보다는 대충 말합니다. 옆에 있는 것, 특이한 것, 눈에 띄는 것만 말합니다. 있는 그대로를 조금도 거짓 없이 모두 말하는 게 도리어 이상합니다. 대전에서 사는 사람이 고향인 부산에 왔습니다. 친구가 "어떻게 왔어?"라고 물으면 보통은 '기차로 왔지'라고 답합니다. 그런데 이걸 친절하게 말한답시고, '집을 나와서 5분 동안 걸어서 시내버스 정류장에 도착했지. 201번 버스를 타고 대전역에 도착했어. 계단을 올라 부산행 기차표를 사서 KTX를 탔어. 1시간 37분 후에 부산역에 도착해서 택시를 타고 이 식당까지 왔어'라고 말한다면 어떻게 될까요? 이게 모두 사실이라고 해도 그걸 구구절절이 다 말한다면 듣는 사람은 중간에 자리를 털고 도망갈 겁니다. 물론 저렇게 설명해본들, 본인이 한 모든 행동을 말로 표현할 수 없습니다.

인간은 언어를 사용합니다. 그런데 이 언어 때문에 인간은 고유한 목소리를 잃어버렸습니다. 목소리를 갖고 있다는 생각은 착각입니다. 우리 목구멍을 타고 나오는 이 말은 결코 우리가 태어나면서 가지고 태어나지 않습니다. 동물들은 가지고 태어납니다. '꼬끼오'는 닭의 목소리입니다. '어흥'은 호랑이의 목소리고요. 고양이는 '야옹', 강아지는 '멍멍' 합니다. '짹짹'은 참새. 목소리와 목소리 주인이 일치합니다. 본능에서 나오는 소리, 소리 자체가 그 주인인 목소리.

인간은 그렇지 않습니다. 언어는 내 것이 아니었습니다. 내 입에서 나오는 한국어는 내 목소리가 아닙니다. 갖고 태어난 게 아니므로, 타인에게 배워야 합니다. 제가 팔레스타인에서 태어났다면 아랍어를 썼을 겁니다. 언어 때문에 자연의 목소리를 잃어버렸습니다. 육체와 본능에서 나온 운명적 목소리를 잃어버린 거죠.

그런데 그 언어가 부정확하고 불합리합니다. 말은 결코 세계를 있는 그대로 표현할 수 없습니다. 택시는 사람도 아닌데 뉴스에 '택시 전면 파업'이라고 나와도 이상하게 생각하지 않습니다. '오늘은 바쁘니까 도시락 먹자'고 해도 놀라는 사람이 없습니다. '도시락'을 먹자고 하다니, 불합리하군요.

우리의 글쓰기는 자유로울 뿐

그·래·서! 얼마나 좋은지 모릅니다. 불합리하고 비논리적인 언어는 우리에게 '기쁜 소식'입니다. 언어가 이 세계를 온전하게 담는 것이라면 우리보다 먼저 태어난 사람들이 쓴 글이면 충분할 겁니다. 잘만 썼다면 덧붙일 게 없겠죠. 말하는 족족 세계를 거울처럼 비추는데 뭘 더 보태겠습니까.

하지만 언어는 태생이 불합리하다고요! 허술하고 구멍이 숭숭 뚫려 있다니까요. 그래서 용기가 납니다. '어떠한 글도 이 세계를 새롭게 말할 수 있다. 내가 할 일은 내가 겪은 일을 새롭게 드러내는 일이다. 이 세계는 말하는 사람의 입과 글 쓰는 사람의 손을 통해서 만들어지는 것이다. 우리에겐 세상을 재해석하고 재구성하고 재창조하는 능력이 있으며, 그 능력은 불합리성으로 가득 찬 언어 때문에 길러진다.' 그러니 우리의 글쓰기는 부끄럽거나 두렵지 않습니다. 자유로울 뿐입니다.

나로부터 출발하는 언어

여러 나라 작가들이 함께 생활하면서 글도 쓰는 프로그램에 참여한 문보영 작가가 어느 날 이런 문장을 들었다고 합니다. "Oops, that door is unhappy today." 문이 고장 난 것을 보고 누군가가 '오늘 저 문은 덜 행복하네요'라고 한 겁니다. 작가는 이 말이 너무 재밌어서 그 뒤로 고장 나거나 상태가 이상한 물건을 보면 'unhappy'를 붙였다고 합니다. "인쇄기가 행복하지 않아 보입니다." "마이크가 오늘따라 덜 행복한가봅니다." "커피머신은 오늘 행복하지 않으십니다. 심기를 건드리지 맙시다." 이런 식으로요.*

인간은 자기중심적으로 인식한다

'문이 고장 났다'고 하는 것과 '문이 덜 행복하다'고 하는 것은 큰 차이가 있습니다. 문은 무생물이라 행복감을 느낄 리 없고 그런 감정을 표현하지도 못합니다. 그런데 저런 문장을 쓰고 나면, 마치 그 문이 '나는 불행해'라고 말하는 것 같습니다. 새로운 세계가 열리는 것이죠.

언어가 가진 탁월함은 이러한 유연함에서 나옵니다. 끝없는 유연함! 우리는 어떤 표현이든 처음에는 이상해 보이더라도 거기에 이리저리 뜻을 만들어 붙여 '말이 되는 쪽'으로 이해합니다. 이상하니 갖다 버리는 게 아니라, 이전에는 없던 뜻을 요령 있게 만들어냅니다.

도로 위를 달리다 보면, '촐싹거리며' 달리는 자동차가 있는가 하면 '우직하게' 달리는 자동차가 있습니다.(여러분도 느끼시죠?) 촐싹거리는 차는 엉덩이를 들썩거리며 늘 제일 좋은 차선에 들어가려고 주변 눈치를 살핍니다. 얌체 같은 차! 이미 끼어들어놓고 나서 "나 들어간다"고 말하는 것 같고, '끼어들까 말까' 고민하는 티도 납니다. 직선으로 달릴 때도 왠지 경망스럽습니다. 우직한 차는 점잖게 달립니다. 엉덩이가 무겁습니다.

* 문보영, 《삶의 반대편에 들판이 있다면》, 한겨레출판, 2024년.

고속으로 달릴 때도 더 낮게 가라앉고 차선을 바꿀 때도 묵직합니다. 웃는 얼굴의 차가 있는가 하면 화난 얼굴의 차도 있습니다. 차가 그런 게 아니라, 제 느낌이 그렇다는 겁니다.

언어는 인간이 이 세계를 어떤 시선으로 보고 이해하는지를 알려줍니다. 그중 하나가 의인화입니다(의인법이라고 하면 표현 기교처럼 보여서 조금 넓은 의미로 의인화라고 쓰겠습니다). 의인화는 수사법이라기보다는 인간이 이 세계를 사유하는 방식입니다. 인간은 인간이 아닌 대상도 인간과 비슷한 감정, 의도, 특성이 있다고 생각합니다.

하지만 모든 동물이 공유하는 세계는 없습니다. 각각의 종은 환경과 각기 다른 방식으로 연결돼 있습니다. 인간은 주로 시각을 통해 세계를 인식하지만, 개미는 후각으로 현실을 파악합니다. 개미들에겐 활짝 핀 꽃이나 몽우리만 맺힌 꽃이나 다 똑같습니다. 움트는 싹이든 잘 자란 나무든 돌이든 별 차이가 없습니다. 그저 넘어가거나 피해야 할 장애물일 뿐입니다. 개미의 삶에 전혀 의미가 없으니까요. 개미에겐 땅의 미세한 진동을 느끼며 집으로 가져갈 먹이를 찾는 일만이 중요할 뿐입니다. 반면에 벌은 아주 멀리서도 꽃향기를 맡을 수 있고, 그 향기로 꽃의 종류를 분간합니다. 꽃가루가 풍부한 꽃을 먼저 알아차리고 그쪽으로 날아갑니다. 벌에게는 활짝 핀 꽃과 꽃망울만 맺힌 꽃의 차이가 결정적으로 중요합니다. 떡갈나무에 사는 여우와 올빼미와 딱정벌레와 말벌은 전혀 다른 환경세계에서 삽니다.*

이렇듯 실제는 전혀 그렇지 않은데도, 우리는 동식물이나 사물도 인간이 보는 방식대로 보고 느끼고 생각할 거라고 넘겨짚습니다. 그런 점에서 인간은 뼛속까지 자기중심적입니다. 인간의 본성이 선한지 악한지는 알 수 없지만 인간이 자기중심적인 건 분명합니다. 동물행동학자들에게는 미안한 얘기지만, 인간은 어쩔 수 없는 게 있나봅니다. 그래서 좋다거나 나쁘다는 게 아닙니다. 그냥 인간 본성이 자기 본위라는 거죠.

인간을 편들어 좋게 말하면, 우리는 인간 아닌 대상에게 인간의 자리를 '기꺼이' 양보합니다. 인간이 아닌 대상은 많습니다. 무생물, 식물, 동물뿐만 아니라 사건이나 현상도 포함됩니다. 인간 아닌 모든 것이 의인화의 대상이 됩니다.

---

* 주디스 콜·허버트 콜 지음, 후박나무 옮김, 《떡갈나무 바라보기》, 사계절, 2002년.

문장구조만 갖춘다면

흔히 쓰는 '가다'라는 동사를 예로 들어보죠. '가다'는 이쪽에서 저쪽으로 움직인다는 뜻입니다. 학교든 시장이든 직장이든 어떤 목적지나 지향이 있습니다. 인간을 포함해 움직일 수 있는 동물이 주어가 되는 게 자연스럽습니다. 그런데 '가다'의 주어 자리에 인간과 동물만 오는 게 아닙니다. '시간은 자정 넘어 새벽으로 가는데'에서처럼 시간도 갑니다. '사랑이 저만치 가네. 나 홀로 남겨놓고서'라는 가사처럼 사랑도 갑니다. 우리 집은 지은 지 40년 넘어서 벽 여기저기 '금이 가' 있습니다. 금이 가다니요! 무더운 날에는 음식이 금방 '맛이 갑니다'. 소식도 가고, 이해도 가고, 짐작도 가고, 피해도 갑니다. 이들이 정말로 어딘가를 행해 '가는' 걸까요? 우리가 저런 대상들도 '간다'고 생각하니 저런 표현이 생겼을 겁니다.

언어에는 이러한 인간의 자기중심적 태도가 잘 반영돼 있습니다. 문장구조라는 것이 만능열쇠 역할을 합니다. 우리에게는 '주어+서술어' 또는 '주어+목적어+서술어'라는 틀, 즉 '무엇이 어떠하다' '무엇이 무엇을 하다'라는 문장의 틀이 주어져 있습니다. 이 틀을 크게 흐트러뜨리지 않는다면, 그 자리에 어떤 것이 와도 그걸 포용해줍니다. 아래 예들을 보시죠.

① 아빠가 아이를 깨운다. - 새벽이 도시를 깨운다.

② 아들이 돈 달라고 한다. - 신발이 돈 달라고 한다.

③ 애인이 창문을 두드린다. - 비가 창문을 두드린다.

④ 부모는 자식을 이길 수 없다. - 어둠은 빛을 이길 수 없다.

⑤ 엄마가 만두를 통째로 집어삼켰다. - 불길이 건물을 통째로 집어삼켰다.

⑥ 여보게, 날 좀 살려주오. - 걸음아, 날 살려라.

⑦ 부자 가난뱅이 적 생각 못한다. - 개구리 올챙이 적 생각 못한다.

어떻습니까. 나중에 온 문장 중에서 이해되지 않는 게 있나요? 다 잘 되죠. 이런 예는 무궁무진합니다. 우리는 문장구조를 바꿀 수는 없습니다. 그 자리에 오는 단어를 바꿈으로써 인간 아닌 것에도 인간적인 성격을 담을 수 있습니다. 그렇게 우리는 세계를 이해하고 확장하고 새로운 인식과 해석의 장을 엽니다.

의인화, 너무나 인간적인 이해

의인화는 문장 차원에서 끝나지 않습니다. 텍스트 전체를 의인화의 기법으로 쓸 수도 있을 겁니다. 이솝 우화를 비롯해 조지 오웰의 《동물농장》이나 박지원의 《호질》 같은 소설이 대표적입니다. 놀기만 하는 베짱이와 열심히 일하는 개미의 이야기, 엄마 게가 옆으로만 걷는 아들 게를 나무라자 엄마를 따라 할 테니 걸어보라고 하여 엄마 게를 무안하게 만들었다는 이야기 등 이솝 우화는 의인화한 동물을 통해 인간의 삶을 되돌아보게 해주죠. 인간을 몰아내고 동물 세상을 만들었지만 그 속에 또 다른 폭력과 억압의 질서가 싹튼다는《동물농장》얘기는 전체주의 사회를 풍자하고 있습니다.《호질》은 호랑이의 입을 통해 '북곽 선생'으로 대표되는 양반 사대부들의 겉과 속이 다른 위선과 허위의식을 질타합니다.

    삶과 맞물린 단어를 관찰해 새로운 의미를 찾는 글을 쓸 수도 있을 겁니다. 예를 들어, '적산온도'라는 단어가 있습니다. 좀 낯설죠. 사전에는 '생물의 생육 시기와 관련된 온도의 총계'라고 건조하게 풀이하는데, 이 단어에 피가 흐르고 살이 돋게 해줄 수도 있습니다. 안희연 시인의 글을 보니 '왜 봄에 꽃이 피는가?'라는 어린이의 질문에 대한 답을 이렇게 하더군요. '식물마다 꽃이 피기까지 필요한 온도가 있는데 봄이 되면 식물들이 몸 안에 온도를 '저금'하기 시작한다. 그렇게 저금한 온도가 가득 차면 비로소 꽃이 피게 되는 것이다.'* 어떤가요? 이 글을 읽고 나니 꽃이 다르게 보입니다. 꽃이 온도를 차곡차곡 '저금'한

---

* 안희연,《단어의 집》, 한겨레출판, 2021년.

다고 하니 꽃이 더 '인간적'으로 느껴집니다. 꽃도 애쓰는구나.

안희연 시인은 '모든 단어는 알을 닮았고 안쪽에서부터 스스로를 깨뜨리는 힘을 갖고 있다'고 말해줍니다. 꿈틀거리는 단어 속에서 인간의 입체적 삶을 목격할 수 있을 텐데, 거기에 닿는 통로 중의 하나는 이 세계를 의인법적 시각에서 새롭게 바라보는 것입니다. 저들도 계획이 있고 의도가 있고 감정이 있을 수 있다는 생각. 우리가 마음대로 지배하고 쓰고 버리고 잊어버려도 되는 대상이 아니라는 생각. 그저 무미하고 무심한 사물이 아니라는 생각. 우리와 닿아 있다는 생각.

인간 아닌 대상은 인간과 전혀 다른 세계를 살고 있지만, 그걸 말로 옮길 때는 인간적인, 너무나 인간적인 방법을 쓸 수밖에 없습니다. 우리에게 언어가 있는 이상, 인간적인 방법으로 인간 아닌 대상을 이해하는 수밖에 없습니다. 피할 수 없습니다.

그러니 의인화를 마다할 이유가 없습니다. '나는 어떻게 새로운 의인화를 시도할 건가'가 관건이겠네요. 오늘은 사물에 말을 걸어보세요. '그'가 말을 할 겁니다.

감정은 피부 밖에 있다

이번에는 감정을 글로 어떻게 다룰지에 대해 말해보려 합니다.
    얼마 전에 겪은 고약한 일 얘기부터 해야겠군요. 저나 제 가족에게 악의를 품은 누군가가 봄철 맹렬히 뻗어 나가던 담쟁이 줄기를 끊어놓았습니다. 저에게 직접 달려들었다면 응수해줬을 텐데, 야비하게도 사람이 없을 때 말 못하는 식물의 명줄을 끊어놓다니 비겁한 사람입니다. 골목 어귀에 있는 공용 감시카메라가 비추지 않는 곳을 찾아, 뿌리 가까운 줄기를 또각또각 모조리 끊어놓았더군요. 회색빛 담장의 등짝을 초록빛으로 감싸주던 이파리들이 갑자기 겨울 낙엽처럼 싯누렇게 말라 죽었습니다. 2년을 숨죽여 기다렸다가 겨우 뻗어 나가던 담쟁이였습니다. 비가 쏟아지던 날, 시신을 거두듯이 벽에 눌어붙어 있는 줄기와 이파리를 투두둑 잡아떼냈습니다. 집을 나설 때나, 들어설 때나, 밥을 먹을 때나, 누워 있을 때나, 오줌을 눌 때나 담쟁이 생각뿐입니다. 담쟁이를 끊어놓은 사람 생각뿐입니다.

내가 아닌 상대의 감정을 자극하려면

그런데 이렇게 감정이 상할 때야말로 글을 쓸 절호의 기회입니다. 마음이 출렁거릴 때 글을 쓰면 술술 나옵니다(못됐죠?). 화남, 분함, 억울함, 슬픔, 미움, 외로움, 그리움, 안타까움, 애틋함, 뿌듯함, 기쁨 등 온갖 감정은 마음을 '격동'시킵니다. '평정심'은 우리가 추구할 이상적인 상태일 뿐입니다. 감정은 시시때때로 변합니다. 우리는 감정 자체입니다. 감정과 함께 감정과 싸우면서 삽니다. 사실이나 사건과 싸우는 게 아닙니다. 사실과 사건이 만들어내는 감정과 싸우는 겁니다.

그래서 글에서 감정을 어찌 다룰지가 중요한 문제입니다. 글은 결국에 감정을 담으니까요. 그런데 감정은 글과 같지 않습니다. 감정 자체는 글이 아닙니다. 여기서 말하는 글은 감정을 쏟아붓는 글이 아닌, 감동을 '주는' 글입니다. 감정 전달이 글의 주된 기능인 것이 카톡에 쓰는 글입니다. 'ㅎㅎ, ㅠㅠ, 와, 쩝,

스읍, 품, 넵, ^^, -.-;'처럼 감탄사와 이모티콘을 남발하며 순간순간 떠오르는 감정을 바로 전달합니다. 감정을 전달하지 않으면, 도리어 이상합니다. 공지 사항만 있는 단톡방은 삭막합니다. '기획회의 5월 20일 오후 2시 4층 대회의실' '어제 회식비 각자 1만 8950원씩 입금 요망. 계좌번호 ○○은행 1234~'. 대신, 이렇게 써야 답글이 달립니다. '어쩌죠? 5월 20일에 또 기획회의가 잡혔네요ㅠㅠ. 지난주에 이미 탈탈 털렸는데, 뭘 더 뽑아내려는 건지!!' '어제 회식 즐거웠슴다~. 슬기님의 새로운 모습을 보게 된 건 큰 수확이네윰. 회식비 영수증을 봤더니 각자 1만 8950원씩 입금해주시면 됩니당. 마음은 제가 쏘고 싶지만~^^;;'

　우리가 쓰려는 글은 카톡 글이 아닙니다. 카톡과 정반대의 글입니다. 우리의 글은 자신의 감정을 잘 요리해 독자에게 미적 감흥을 불러일으켜야 합니다. 예술의 궁극 목표는 카타르시스입니다(늘 말씀드리지만, 우리가 쓰는 글은 예술입니다!). 선동이나 설명이 아닙니다. '후련함' 같은 겁니다. 막힌 하수구가 뚫려 고인 물이 콸콸 내려가는 듯한 후련함입니다. 주변 눈치 안 보고 꺼이꺼이 울 만큼 솟구치는 겁니다. 그 폭풍이 지나가고 난 다음에 찾아오는 감정이 카타르시스입니다.

　문제는 카타르시스를 느낄 사람이 누구냐는 거겠죠. 글쓴이와 독자가 동시에 느끼면 좋겠는데, 둘 중 하나만 택하라면 저는 독자를 택하겠습니다. 내가 아니라 상대의 감정을 자극해야 합니다. 손가락으로 옆구리를 찌르면 쉽게 자극할 수 있을 텐데, 풀잎으로 발가락을 간지럽히면 쉬울 텐데, 독자는 저만치 떨어져 있으니 그러지 못하죠. 내 글이 자극적이어야 합니다. 타인의 몸을 간지럽히듯이, 내 이야기가 (내가 아닌) 독자의 감정을 격발시켜야 합니다. 그래야 독자는 글을 통해 글쓴이가 만난 현실을 경험할 수 있습니다.

글에서는 감정을 쏟아붓기보다는 절제해야 합니다. 감정을 쏟아붓는 글이 쓸모없다는 뜻이 아닙니다. 내 감정이 정화될 수 있다면 100번이라도 쏟아내야 합니다. 신파극이 있듯이 그런 글도 필요합니다. 감정을 절제하라고 하면, '감정을 숨기라'는 뜻으로 이해하지만 전혀 그렇지 않습니다. '절제'는 넘치지 않게 조절하는 겁니다. 넘치는 걸 '과잉'이라고 하죠. 감정이 과잉된 글을 읽으면, 글자로는 '미칠 듯이 기쁘다'고 쓰여 있지만 독자는 무덤덤한 채로 있습니다. 간지럽히는 손가락이 웃으면 안 됩니다. 간지럽힘 당하는 옆구리가 웃어야 합니다.

감정을 일으키는 매개체

이렇게 생각하면 어떨까요? "단어 '화'는 감정이 아니다." 한 발 더 나아가 "'화'라는 감정은 없다!"(잉?) 어느 서당 훈장이 천자문 공부를 하지 않는 학생에게 너는 왜 공부하지 않느냐고 했더니 "하늘은 푸르지만 '하늘 천天' 자는 푸르지 않습니다"라고 말했다는 옛이야기와 비슷한 감각을 가져보자는 겁니다. 글은 이성적입니다. 차갑고 건조하고 평면적이고 느리고 재미없습니다. 종이에 내 눈물을 떨굴 수도 없고, 영상처럼 웃음을 담을 수도 없습니다. 설령 눈물방울을 떨어뜨렸다고 해도 독자가 그걸 받아들었을 때는 말라서 얼룩진 종이일 뿐이겠죠. 그 얼룩이 뭘 뜻하는지 알지 못합니다(파본이라고 환불을 요구할지도). 거기서 여러분의 슬픔을 느낄 수 없겠죠.

그래서 "단어 '화'에는 감정이 없다. 말로 표현하지 못할 어떤 감정이 있을 뿐이다. 내가 느끼는 감정은 '화'라는 단어로는 도무지 담을 수 없다"고 생각하는 겁니다. 그러고 나서, 그 '말로 표현할 수 없는 감정'에 (새로운) 언어를 찾아주는 것입니다. '열 받다, 뚜껑이 열렸다, 빡치다, 돌아버리다'와 같이 '화나다'와 비슷한 표현을 떠올리자는 게 아닙니다. '슬픔이 밀려왔다. 이별의 아픔을 어떻게 견딜 수 있을까. 앞날이 캄캄하다. 눈물이 앞을 가렸다'처럼 쓰지도 말자는 겁니다.

감정을 일으키는 매개체를 찾아 그걸 쓰자는 겁니다. 시학에서는 감정을 절제하려면 감정 자체가 아닌, 감정을 전달하는 객관적인 대상이 있어야 한다고 합니다. 이를 '객관적 상관물'이라고 부릅니다. 사람들은 객관적인 상관물을 매개로 감정을 전달해왔습니다. 그래야 오래 기억하고 심장에도 새겨집니다.

며칠을 아무것도 먹지 않은 노새가 있었습니다. 양쪽 똑같은 거리에 물과 여물을 놓아두었더니, 물을 먼저 먹을지 여물을 먼저 먹을지 고민하다가 결국 굶어 죽었다는 얘기입니다. 우물쭈물하지 말고 선택을 단호하게 하라는 메시지겠죠. 그런데 사람은 다릅니다. 사람은 선택을 돕는 '도구'(매개물)를 생각해냅니다. 동전이나 아카시아 잎 같은 것이죠. 동전을 던져 앞이 나오면 물, 뒤가 나오면 여물. 아니면 아카시아잎을 하나씩 떼면서 '물, 여물, 물, 여물, 물, 여물' 이런 식으로 했죠. 도구에 기대어 선택하는 방법을 찾았습니다. 그게 인간이 고등생물로 진화한 과정이자 결과입니다. 무엇을 택할지 고민될 때 '동전'이나 '아카시아잎'이 결정적 역할을 합니다.

감정은 어디에나 있다

글쓴이와 독자의 감정 사이에 어떤 매개물(도구)을 놓을지 고민해야 합니다. 서두에서 저희 집 담쟁이 줄기를 끊고 간 사람에 대해 썼는데, 제가 느끼는 감정은 분노였습니다. 그 말을 어떻게 하면 하지 않을까 궁리했습니다. '화났다'라는 말을 쓰지 말라는 뜻이 아닙니다. 최대한 안 쓰고 그 감정을 담을 매개물을 찾다 보면 글이 좀더 독자 곁으로 갈 수 있을 겁니다.

감정과 감정은 직거래하지 않습니다. 거간꾼이 있어야 합니다. 매개물이 있어야 합니다. 감정은 내 안에 있는 게 아니라, 내 심장과 피부 밖에 있다고 봐야 합니다. 어디에 있을까요? 저도 잘 모르겠습니다. 각자 찾아야 합니다. 내 심장과 피부 밖에 있으니, 세상만사 모든 게 다 될 수 있겠네요(이렇게 말하고 보니, '감정 아닌 모든 것으로 감정을 표현하라'는 말이 되는군요. 뭔가 심오한?). 내 감정을 격동시킨 매개물을 쓰는 겁니다. 그것만 쓰는 겁니다. 그러곤 가늠해보는 겁니다. 내 감정이 이 매개물을 통해 독자의 감정을 격발시켰는가?

✛ ✛ ✛
나의 이야기를 독자에게 잘 전하기 위하여

3부에서는 내가 본 장면과 나의 감각까지 독자에게 생생하게 잘 전하기 위해 연마해야 하는 것들을 이야기해보았습니다. 이러한 감을 기르기 위해 함께 연습해보면 좋은 것들을 더 풀어봅니다.

사진 찍듯이 포착해보자

언젠가 '그 사람을 처음 만났을 때'라는 주제를 던져준 적이 있습니다. 단, 어떤 사람을 처음 만났을 때의 장면을 '사진 찍듯이' 포착하는 글을 써보라는 조건이 있었죠. 우리는 시간의 흐름에 따라 과거를 기억합니다. 잘 안 해본 게 시간을 멈춰두고 생각하는 겁니다. 누가 카페 문을 열고 들어와 자리에 앉고 주문하고 차 마시며 두런두런 얘기를 나누고 계산하고 나오는 건 분명히 시간이 흐르고 사건이 이어지는 건데, 시간이 멈춘 것처럼 생각하라고 하는 건 부자연스럽죠. 그러니 순간을 쓰는 건 어렵습니다.

그럼에도 사진 찍듯이 순간을 포착하는 글을 연습하는 것은 이렇게 할 때 오감을 동원해 구체적이고 세부적인 묘사를 시도할 수 있기 때문입니다. 시간을 멈추지 않으면 주로 눈앞에서 벌어지는 일 중심으로 쓰게 됩니다. 시간을 멈춰 세워야 그 사람의 모습이나 한 일뿐만 아니라, 그 사람의 냄새, 감촉, 그 사람이 몰고 들어온 바람, 그 사람 등 뒤에 비치던 햇빛, 안경에 서린 김, 찻잔을 휘감는 커피향 같은 것들을 묘사하게 됩니다. 시야가 넓어지고 감각이 다양해집니다.

신나게 놀다가 곤히 잠든 아이를 바라본다고 상상해보십쇼. 어떻게 하실 건가요? 아이는 멈춰 있습니다. 그냥 쳐다보기만 할까요? 아이의 손과 발을 만져보기도 하고, 뺨과 머릿결을 쓰다듬기도 하고, 냄새도 맡아보지 않을까요. 아이의 어지럽혀진 방을 둘러보기도 하고, 창문 틈으로 들어오는 바람도 느껴보겠죠. 시간을 멈춰야 나에게 '눈' 말고도 코, 귀, 입, 피부가 있다는 걸 알게 됩니다. 그걸 적절히 곁들인 글을 쓰게 됩니다. 글이 입체적이게 되죠.

감정의 매개가 되는 소재를 구분하자

앞서 감정을 과잉되지 않게 절제해 문장으로 옮기는 것을 이야기했는데요. 함께 생각해봐야 할 것이, 어떤 장면이나 소재로 그 감정을 독자에게 전할 것인가 하는 질문입니다. 언젠가 '다시 가고 싶은 장소'라는 주제를 주고 글을 받은 적이 있는데요, 다섯 분이 글을 보내주셨습니다. 특히 글감을 어떻게 배치했는지, 구성이 달라졌다면 왜 그렇게 바꿨는지도 함께 적어달라고 했는데 네 분이 그렇게 해주셨습니다. 글 쓸 때마다 구성에 대한 고민을 거듭하다보면 글의 통일성과 완성도가 높아질 겁니다.

혜욱 님은 멀리까지 걸어가야 하는 초등학교 등굣길에 만나는 여러 정경이 그립다고 했고, 유림 님은 초등학교 때 이사해서 가족 모두가 잠시 행복했던 반지하 신축 빌라를 그리워했습니다. 체스카 님은 그리스 산토리니의 석양이, 정선 님은 몽골에서 본 은하수와 코스모스가 다시 보고 싶다고 했습니다. 담이 님은 교복 입고 다니던 고등학교 교실을 그리워하더군요. 대학생활이 허전한가봅니다.

모두 저마다 그리움이라는 감정을 불러 일으키는 서로 다른 장소(소재)를 정했는데, 제 눈에는 다섯 편의 글에서 공통점이 보이더군요. 바로 글감 가운데 중요한 것과 덜 중요한 것을 선명하게 구분하지 못했다는 점입니다. 종종 분위기 조성용으로 다른 얘기부터 꺼내는 경우가 있습니다. 되도록 자제하기 바랍니다. 처음 읽을 때는 그 소재가 이 글의 중심 글감인 줄 착각합니다. 그러다가 나중에 알고 초점을 옮기죠. 이 경우 독자는 불필요한 에너지를 씁니다. '이 산이 아닌가봐' 하듯이요. 글을 쓴다는 건 없는 걸 쥐어짜는 게 아니지만, 있는 걸 마구잡이로 방출하는 것도 아닙니다. 귀한 손님에게 첫 음식을 내놓듯이, 어떻게 하면 담백하고 정갈하되 매력적으로 시작할지를 고민해보기 바랍니다(말은 쉽네요).

글은 어떤 감정을 일으켜야 한다고 했는데, 그러려면 그 감정을 일으키는 주인공(매개체)을 선택해 그 모습을 다른 글감보다 훨씬 자세하고 도드라지게 기술해야 합니다. 그 글을 읽는 사람들 머릿속에도 그 장면이 그려지게 해줘야 합니다. 그러니 어떤 소재, 어떤 이야기를 쓸지 정했다 하더라도 곧바로 글감에 얽힌 '사건'을 기술하지 않기를 바랍니다. 장면을 구체적으로 그려줘야 그 속에서 벌어지는 사건(움직임)도 생생하게 전달할 수 있습니다.

4부 쓰는 듯 살고, 사는 듯 읽으세요

몸으로 새긴 감수성

어떤 사람이 글을 쓰면 좋을까요?

　가끔 말의 감수성을 키우는 방법에 대해 강의하거나 원고를 써달라는 부탁을 받습니다. '일터 민주주의를 위한…' '혐오와 차별의 언어를 넘어서기 위한…' '주변을 보듬고 세상과 연대하는…'과 같이 앞에 붙는 수식어가 달라지긴 하지만, 결국 말에 대한 감수성을 어떻게 키울지 얘기해달라는 겁니다.

　승낙해놓고 나면 늘 후회합니다. 강의는 실패하고 원고는 변죽만 울리다 마칩니다. 왜냐? 저에게 그런 감수성이 있는지도 의문이거니와, 있다고 한들 그걸 말로 알려줄 수 있는지도 몰라서입니다. 감수성은 외부 세계를 받아들이고 느끼는 거죠.

모종의 섬세한 감각인데, 그걸 말로 들으면 머리만 커지고 이성만 자극될 뿐입니다. 자신의 몸뚱이(육체)를 움직여 이 세계와 정면으로 부딪쳐야만 비로소 조금씩 길러질 수 있습니다.

고소공포증을 앓는 산악부 지도교수

글을 쓸 때도 감수성이 필요하다고 합니다. 그런데 감수성은 사람마다 다릅니다. 감수성이 뛰어난 사람은 외부 세계, 이를테면 타인·사물·사건·자연·예술작품 등과 접촉하며 순간순간 정서적 감흥이나 깊은 감동을 받습니다. 보고 듣고 만지고 냄새 맡으면서 느끼는 육체적 감각과 함께 공감, 동정심, 희열, 분노, 슬픔, 즐거움, 감정이입, 정의감 같은 다양한 감정이 출렁거립니다. 외부 세계에 민감한 사람일수록 감수성이 높다고 할 수 있겠죠.

그런데 감수성을 키우기 위해 뭔가를 자꾸 느껴보려 하기보다, '행동하는 쪽'으로 방향을 틀면 어떨까 싶더군요. 저는 워낙 감각이 둔해서 그런지 뭘 느껴보려 해도 잘 느껴지지 않더라고요. 궁여지책으로 차라리 몸을 움직이는 것으로 감수성을 길러보자는 건데, 꽤 괜찮더군요.

저는 옥상 난간에 기대서지 못합니다. 투명한 유리로 밖을 볼 수 있게 만든 엘리베이터를 탈 때는 손잡이를 꼭 잡고 눈을 질끈 감습니다. 어릴 때 날쌘 친구들이 담장 위를 뛰어가거나, 철봉으로 만든 구름다리 위로 올라가 걷는 걸 보면 부러웠습니다. 저는 다리가 후들거려 엄두가 나지 않았습니다.

고소공포증이 있다는 걸 몇 년 전에 알았습니다. 등산하는데 공황장애처럼 갑자기 공포가 밀려와 발을 한 발짝도 뗄 수 없었습니다. 서 있을 수도 없어 주저앉았습니다. 아무렇지 않게 잘 올라갔는데 갑작스럽게 고소공포증이 찾아오더군요. 일행 중 한 분이 손으로 제 발을 잡고 '한 발, 한 발' 걸음을 옮겨줬습니다. 평지에 내려올 때까지! 그 뒤로 높은 곳엔 얼씬도 하지 않습니다.

그런데 놀라지 마세요, 저는 70년 전통을 자랑하는 우리 학교 산악부 지도교수입니다. 산악부 모임에서 저를 소개할 때마다 "고소공포증을 앓고 있는 지도교수 김진해입니다"라고 합니다. 학생들도 의아해하는 표정입니다. '왜 산을 타지도 않는 선생이 우리를 지도(?)하는가?' 매주 암벽등반이나 실내 클라이밍을 가자는 연락이 오지만 절대 가지 않습니다. 부원들에게 밥을 사주거나 평지에서 하는 행사(!)에만 갑니다. 그런데도 저는 산악부 지도교수입니다. 가끔 산악부 대표와 모임에 대해 상의하고 "에스컬레이터 없는 산엔 되도록 가지 말라"는 농담을 하며 지냅니다.

몸을 움직여 계기를 만들어가는 일

산악부 지도교수를 맡아달라는 제안을 받았을 때, 왠지 모르게 해보고 싶더군요. 산에 미쳐 있는 친구들이랑 어울려보고 싶기도 하고, 저에게 어떤 역할이 있을 것만 같았습니다. 언제 저렇게 씩씩하고 순박하고 믿음직스러운 청년들을 만나겠나 싶기도 했고요. 이유가 정확하진 않았지만, 해보고 싶었습니다.

합기도를 수련하게 된 것도 그랬습니다. 여러 일로 삶이 황폐해졌을 때, 상대와 조화롭게 공존할 수 있는 무도라 알려진 합기도에 왠지 모르게 끌렸습니다. 사람에겐 왠지 모르게 하고 싶은 게 있고, 왠지 모르게 하기 싫은 게 있습니다. 자신이 얼마나 아는지, 가진 게 얼마나 되는지와는 상관없습니다. 이유를 알 수 없이 내 앞에 닥친 어떤 계기를 받아들일 뿐입니다.

'계기契機'란 말은 음미할 만한 가치가 있습니다. "어떤 계기로 그 일을 하게 됐나요?"라고 묻는 것처럼, 우리는 살아가면서 수많은 계기를 만납니다. '어떤 일이 일어나는 원인이나 기회'라는 뜻인데, 무도에서 '기機'는 조금 다른 뜻으로 읽힙니다. 일본 사상가 우치다 다쓰루에 따르면, '기'란 복수의 사물이 어떤 동작을 협동적으로 달성하는 것으로, 주체와 객체의 이원성이 녹아 뒤섞인 상태, 입력과 출력이라는 순차적 과정이 없는 상태를 말합니다.

어렵지 않습니다. 손뼉을 쳐보면 압니다. 손뼉을 칠 때 오른손이 먼저 출발하고 왼손이 나중에 따라오는 게 아니죠. 오른손이 저런 움직임으로 다가오니 거기에 맞춰 왼손이 움직이는 게 아닙니다. 손뼉을 치는 사건 자체만이 존재합니다. 오른손의 일과 왼손의 일이 따로 있지 않습니다. 학생과 선생이 배움이라는 사건을 동시에 만든다는 뜻으로 쓰는, '줄탁동시啐啄同時' 또는 '줄탁동기啐啄同機'라는 말도 껍데기를 깨기 위해 알 속의 병아리가 부리로 껍데기를 쪼면 어미 닭도 알 밖에서 껍데기를 쪼는 동시적 상황을 빗대서 만들어진 말입니다. 선후가 없습니다. 주체와 객체가 나뉘지 않습니다. 이런 게 '(계)기'입니다. 이렇게 이어지는 수많은 계기가 쌓여 한 사람의 인간성을 만듭니다.

문제는 이런 순간이 언제인지 모른다는 거죠. 우물쭈물하다가 아무것도 시작하지 못하고 자유로운 삶을 살지 못하는 경우가 많습니다.

왠지 모르게 하고 싶은 일과 왠지 모르게 하기 싫은 일은 어떻게 알 수 있을까요? 도장에서 몸을 굴리고 상대의 기술에 걸려 바닥에 던져져 보니 알겠더군요. 뒤로 물러서지 않고 몸을 움직여 부딪치고 던져지는 가운데 상대와의 호흡을 찾아가는 것을요. 단언컨대, 다른 방법은 없습니다. 왜 그럴까요? 몸을 움직여 계기를 만들어가는 거야말로 인간적인 방법이라 그런 것 같습니다.

용서하는 힘, 약속하는 힘

이 주제와 연결되는 얘기를 좀 더 해보죠. 철학자 한나 아렌트의 책 《인간의 조건》에는 '행위'라는 제목의 장이 있습니다. 여기서 '행위'라는 개념은 인간관계의 그물망Web 속에 말로 자신을 드러내고 행위로 뭔가를 새롭게 시작함으로써 인간세계에 참여하는 활동을 뜻합니다. 인간만이 '말하고 행위하면서 자신을 보여주고 능동적으로 자신의 고유한 인격적 정체성을 드러내며 인간세계에 자기 모습을 나타낸다'는 겁니다. 말과 행위는 타인과 함께 존재하는 곳에서만 나타납니다. 타인과 함께한다는 뜻의 '공동존재' 상태에서 벗어나면 우리는 고립되고 '아무것도 아닌' 존재가 돼버립니다.

아렌트는 인간이 가진 가장 인간적인 능력은 이 세계, 이 지구, 이 인간관계의 망 안에서 자신의 말과 행동으로 다른 사람과 함께 뭔가를 새롭게 '시작'하는 능력에 있다고 합니다. 진에 없던 길을 찾고, 전에 없던 시선을 확보하며 자유를 실현하는 것이 인간적인 삶이라는 거죠.

이 장을 읽다가 눈에 번쩍 띄는 대목이 있더군요. '환원 불가능성과 용서하는 힘', 그리고 '예측 불가능성과 약속의 힘'. 운율을 맞춘 듯한 이 제목을 제 맘대로 다시 조립해보죠. '환원 불가능성과 예측 불가능성', 그리고 '용서하는 힘과 약속의 힘'. 앞은 우리가 맞닥뜨린 운명적 상황이고 뒤는 그에 대한 인간적인 대책으로 읽힙니다. 우리가 한 행위는 되돌릴 수 없고(환원 불가능하고), 우리 미래는 알 수 없습니다(예측 불가능합니다). 막막하군요. 어떻게 살아야 할까요?

여기에 '용서와 약속'이라는 다분히 종교적인 방법이 제시됩니다. '용서'는 우리가 행한 일의 결과로부터 우리를 해방해주는 것입니다. 용서와 정반대의 행위인 '복수'는 상대방의 행동에 대한 반응일 뿐입니다. 새로움이 없죠. 당한 일을 그대로 되돌려주며 비슷한 행위를 반복할 뿐입니다. 복수는 복수를 낳을 뿐, 새롭고 자유로운 삶은 불가능합니다.(다만 '벌'은 공동체적 관계를 회복하는 행위라는 차원에서 유용합니다.)

약속하고 약속을 지키는 능력은 미래라는 불확실성의 바다에 안전한 섬 하나를 세우는 일입니다. 이 섬(약속)이 없다면 인간 사이의 관계에 지속성도 연속성도 없을 겁니다. 약속은 사건의 불확실성에 대한 부담을 덜어주고 타인과의 새로운 '행위'로 나아가겠다는 윤리적 다짐에 가깝습니다. 그렇다면 환원 불가능하고 예측 불가능한 우리 삶의 조건에서, 용서와 약속은 다른 사람과 새로운 관계를 세우고 새로운 행위를 시작하는 능력이라 할 수 있겠네요.

시작하는 사람이 글을 쓰기를

새로운 행위를 시작하려면 몸의 경험이 중요합니다. 머리가 아닌, 몸을 쓰세요. 내 몸의 기억을 믿고 다른 사람과 함께하는 경험을 쌓아가야 감수성이 길러집니다. 우리 몸이야말로 이 세계에서 새로운 것을 '시작'하게 하는 바탕입니다.

대만 아동문학의 거목인 린량의 산문집 《작은 태양》에 실린 글을 소개해 드립니다. 아이들이 '싸우는' 경험을 해야 굳건해진다는 얘기인데요, 설득력이 있습니다(아이들을 때리라거나 폭력을 옹호하는 글 아닙니다!).

원칙적으로 나는 애들이 싸우는 걸 반대하지 않는다. 집에서 '자기네끼리' 싸워도 괜찮다는 뜻이다. 하지만 다른 집 아이하고 싸우는 건 결사반대다. 그런 일이 생기면 반드시 제지한다. 형제자매끼리 싸우는 건 일종의 '교육', 상당히 유익한 '싸움 교육'이다. 그런데 다른 집 아이와 싸운다는 것은 인류의 평화를 깨뜨리는 일이니 그냥 놔둬서야 되겠는가!

'싸움 교육'은 형제자매처럼 극도로 친밀한 관계에서나 실시해야 한다. 관계가 달라지면 싸움은 해로운 것이 된다. '관계'란 싸움과 대단히 깊은 관계가 있다.

나는 우리 아이들이 남에게 '주먹질'하기를 바라지 않는다. 그러나 '주먹질'이 어떤 일인지는 알았으면 한다. 우리 애들이 남을 때리지는 않았으면 하지만 맞는 경험은 좀 해봐도 괜찮다고 본다. (중략)

나는 우리 아이들이 고귀한 생각을 품길 바라지만, 또 충분히 굳세지 못할까 걱정이다. 앞으로 커가면서 뺨을 한 대 맞는다면, 그때 온몸에 오물을 뒤집어썼다고 느낀다면, 스스로를 '비천하게' 여기기 시작한다면 그건 큰일이다. 그래서 아이들은 '맞는 것'을 배워야 한다. 맞아도 더럽혀지지 않는 존엄함을 길러야 한다. 진창 속에서 얻어맞아도 아이들은 순결한 연꽃이다. 이게 바로 적절한 '싸움 교육'이 필요한 이유다.

'싸움 교육'의 목적은 '맞는 경험을 해봄으로써 육체의 고통과 자기 비하 간의 연결을 끊고, 교육받는 자에게 폭력으로 굴복시킬 수 없는 굳건함과 모욕으로 더럽힐 수 없는 존엄함을 심어주는' 것이다.

- 린량 지음, 조은 옮김, 〈싸움 교육〉, 《작은 태양》, 글항아리, 2022년, 238~241쪽.

저는 인간적인 사람이 글을 썼으면 좋겠습니다. 비인간적인 사람들은 가만히 있었으면 좋겠습니다. 인간적인 사람은 '시작하는 사람'입니다. 당연히 글 쓰는 사람도 시작하는 사람입니다. 관조하는(바라보기만 하는) 삶이 아닌, 행동하는 삶을 사는 사람입니다. 사건을 만드세요. 인과관계나 논리가 아닌, 예상할 수 없는 기적 같은 일을 행하는 겁니다. 그게 인간의 능력이니까요. 아무 목적 없이 새로운 일을 시작하세요. 그런 사람이 글을 썼으면 좋겠습니다. 자기 몸의 테두리를 벗어나지 않고 다가온 계기를 다른 사람과 함께 받아들이는 사람이.

왠지 이런 말을 하고 싶었는데, 하고 나니 무겁고 재미없는 얘기였군요.

타인이 되는 즐거움, 나를 내놓는 간절함

가시할머니(처조모) 한맹순 권사님은 107세까지 사셨는데, 말년에 가벼운 인지저하증(치매)을 앓으셨습니다. 저처럼 둘째 손주사위 따위는 누군지도 몰라 "안녕하세요"라며 인사하셨죠. 설날에 용돈을 모아 드리면 어딘가에 몰래 숨겨뒀다가 다음날 어디에 뒀는지 잊어버리시죠. "누가 내 돈을 훔쳐 갔다!" 난초처럼 얌전히 계시던 분이 번개탄처럼 갑자기 화를 내십니다. 난리가 납니다. 하루가 시끄러워지죠. 이불장과 옷장과 가방을 다 뒤집어놓으십니다. 주로 며느리를, 가끔은 손녀를 범인으로 지목합니다. 갑자기 범인으로 몰린 장모님은 또 저러신다며 속상해하시죠. 인지저하증 환자에게 흔히 볼 수 있는 '도둑망상'

입니다. 나이 든 사람의 기억상실이겠거니 했습니다. 어떻게 반응해야 할지도 몰랐습니다. 기억도 못하실 거면서 왜 숨기셨냐고 핀잔을 놓거나 참다 참다 버럭 화를 내고 각자의 방으로 흩어지곤 했죠.

그런데 이지은 작가의 〈치매, 어떻게 준비하고 있습니까?〉라는 글에서 이런 상황을 '문제행동'으로 보지 말라고 하더군요. 도둑망상이 '환자가 기억할 수 없는 시간이나 상황을 다른 이야기들로 채우는 것'이라는 설명을 듣고 나서야, 할머니의 행동이 이해됐습니다. 그분과 어떻게 관계를 맺어야 했을지 알게 됐습니다. 책에서 작가는 인지저하증을 '예방', (간병비 지원과 같은) '복지', (가족이냐, 간병인이냐 하는) '누가' 수발을 들 건지의 문제로만 보지 말라고 합니다. 인지저하증으로 모든 것이 끝장나는 게 아니라, 인지저하증 이후도 '삶'이라는 것이죠.

삶은 타인에게 의존하고 타인과 상호작용하면서 이어집니다. 인지저하증 환자도 그를 돌보는 사람과 상호작용하면서 살아갑니다. 인지저하증을 준비한다는 것은 자신을 돌봄받는 몸으로 만드는 일인데, 종이접기처럼 손으로 할 수 있는 새로운 취미를 갖고 체력을 기르고 '더 좋은 사람'이 되기 위해 노력하는 것이랍니다. 인지저하증 '이후'의 몸만들기인 거죠. 인지저하증이야말로 돌봄과 의존이 삶의 근본 조건임을 알게 해준다는 것이었습니다.

과거도 미래도 아닌, 이 순간을 위한 행위

얘기가 길어졌군요. 만약 이지은 작가의 글이 실린 《새벽 세 시의 몸들에게》라는 책을 읽지 않았더라면, 할머니에 대한 이야기는 그저 개인적이고 아린 추억에 머물렀을 겁니다. 책을 보고 나서야 추상적으로만 이해했던 '관계' '상호작용' '의존하는 삶'이란 것이 어떤 것인지 만져지더군요. 실제로 어떻게 구현되는지, 어떻게 몸으로 살아내야 하는지 알 수 있었습니다. 돌아가신 할머니에 대한 기억으로 우연히 읽게 된 책 덕분에 장애를 사회적 맥락에서 살펴보는 장애학에까지 관심을 갖게 됐습니다. 장애, 질병, 나이 듦, 돌봄이 하나로 이어져 있고, 그것이 삶의 문제, 철학의 문제, 존재의 문제, 차별의 문제, 정치의 문제와 긴밀하게 연결돼 있더라고요. 즐겁더군요. 그런 시야는 책이 아니면 얻기 힘듭니다.

할머니 얘기를 더 이어가보겠습니다. 인지저하증이 있는데도 할머니는 구석에 조용히 앉아 입술을 달싹달싹하며 계속 성경책을 '읽었습니다'. 방금 뭘 읽으셨냐고 여쭤보면 답하지 못했습니다. 읽자마자 까먹는 읽기였던 거였습니다. 할머니에게 읽기는 무엇을 알기 위하거나 기억하기 위해서가 아니었습니다. '내가 지금 성경을 읽고 있다'는 그 자체를 위한 것입니다. 과거를 회고하는 것도 미래를 대비하는 것도 아닌, 지금 읽는 것으로 끝인 거죠. 읽는 행위 자체가 몸에 새겨놓은 기도문일지도 모릅니다.

의문이 생겼습니다. '읽는다'는 건 뭘까? '올바른 읽기' '정상적인 읽기'란 있는가? 할머니의 책 읽기는 읽기인가, 아닌가?

대치동 학원가의 이야기를 다룬 드라마 〈졸업〉에서 일타 강사 서혜진의 대사가 알려준 국어 공부법이 있죠. "국어 공부가 안되는 것은 읽는 방법을 몰라서야. 읽으면 단어 하나하나에서, 행간 하나하나에서 새로운 세계가 펼쳐지거든. 그게 국어의 매력이야. 읽을 줄 알게 되면 생각하게 되고, 생각하다 보면 궁금해지고 궁금해지다 보면 알아서 공부하게 돼 있어."

읽으면 새로운 세계가 펼쳐져야 하는데, 그런 경험이 있으신가요? 사실 저는 글 읽기가 너무 힘겹습니다. 책을 펼치고 있으면, 남들이 보기엔 그럴싸해 보이지만 정작 내 안에서는 '이게 뭔 말이지? 이렇게 안 읽히는 건 내 머리 탓일까?' 하며 멍하니 있습니다. 1시간 거리의 전철을 타고 가는데 한 페이지를 넘기지 못해 의기소침해하며 내린 적도 있습니다. 예전부터 책 읽기에 자신이 없었습니다. 너무 느리기도 하고, 이해도 잘 안 됐습니다. 활자 중독의 '소질'은 있어서 어딜 가든 책을 들고 다닙니다. 문제는 읽히지 않는다는 거죠. 기억력이 나쁜 차원이 아니라 방금 읽은 단어, 문장, 단락이 기억나지 않습니다. 공부가 직업인 사람이 읽기가 힘겹다니 답이 없는 상황이네요.

읽기의 경험은 저마다 다르다

진도가 나가지 않으면, 책 맨 끝 장에 가서 남은 페이지가 얼마나 되는지 계산하기도 합니다. 책을 펼치면 잠이 오고, 책을 놓으면 말똥말똥해집니다. 단어를 읽지만 마음에 박히지 않아 같은 단어를 몇 번이나 다시 읽습니다. 빨강펜, 파랑펜, 형광펜으로 밑줄도 긋고, 중요한 문장 위엔 별을 5개 그려놓고, 정말 중요한 곳은 반으로 접어놓기도 합니다. 그렇게 온갖 수단을 써봐도, 한 달 보름만 지나면 '내가 그 책을 읽었던가?' 하는 원초적 질문이 떠오릅니다.

임시 대책은 '난초 물 주기' 같은 겁니다. 읽자마자 술술 빠져나가니 어쩔 수 없이 계속 물을 주듯 새로운 책을 읽어나가는 거죠. 근본 대책이 될지는 모릅니다만, 여하튼 아직까진 버티고 있습니다. 그러면서도 이런 상상을 합니다. '말글 공부가 직업이고 책이라는 창문을 통해 세상을 이해해왔는데, 언어를 잃어버린다면 나는 무엇인가?' 막막하고 암담하군요.

어떤 이는 책을 펼치면 양쪽 페이지가 한눈에 들어와 금방 내용 파악이 된다고 합니다(속독법을 배운 것도 아닌데). 400쪽 가까운 책을 1시간 만에 읽었다는 사람을 본 적도 있습니다(그것도 밑줄을 치면서요. 언어 영재죠). 글자나 문장에서 색을 느끼거나 냄새를 맡는 사람도 있습니다. '회장'이란 단어에서 딸기맛을, '참석자'란 단어에선 통닭맛을 느끼는 사람도 있더군요.

우리는 읽기를 텍스트를 보고 줄거리를 이해하는 단순한 활동이라고 생각합니다. 하지만 읽기는 단일한 공통점이 없는 다양하고 다채로운 활동입니다. 사람들이 글(텍스트)을 만나 상호작용하는 데는 각자의 인지와 감정, 사회적 맥락 등 다양한 요소가 개입합니다. 난독증, 과독증, 실독증, 공감각, 환각, 치매 등의 읽기장벽을 가진 사람들을 관찰한 책에 따르면 읽기 과정이 단순하지도 단일하지도 않다고 합니다. 즉, 읽기는 다 다르다는 겁니다. 그저 '같은 텍스트'를 읽는 사람에 따라 다르게 이해한다는 것이 아닙니다. 읽기 과정은 지각에서 시작하는데, 저마다 독특한 방법으로 책을 지각하고 읽는다는 겁니다.[*]

하다못해 저는 서체에 자못 민감합니다. 내용과 상관없이

---

[*] 매슈 부버리 지음, 장혜인 옮김, 《읽지 못하는 사람들》, 더퀘스트, 2024년.

고딕체로 된 글은 딱딱하고 완고한 느낌을 받아 글에 집중을 잘 못합니다. 이 글처럼 명조체를 좋아합니다(글씨체가 유발하는 정서를 가장 잘 고려한 장르가 웹툰입니다). 읽기는 처음부터 다를 수 있다는 거죠. 똑같은 텍스트라도 전혀 다르게 인식된다는 겁니다. 다른 누구도 아닌, 나만의 방식으로 책을 읽으면 됩니다.

당신이 책을 읽는 이유는

글을 잘 쓰려면 책을 많이 읽어야 한다는 얘기는 숱하게 들어왔을 겁니다. 저는 이 얘기에 그리 동의하지 않습니다. 읽기와 쓰기는 전혀 다른 목적을 갖습니다. 간단히 말해 읽기의 목적은 즐거움이고, 쓰기의 목적은 간절함입니다. 읽기의 즐거움은 '경험하지 않은 경험'을 경험하는 데서 옵니다. '나'라는 주체를 잠시 잊고 타인의 몸과 시선으로 세계를 만나는 겁니다. 시대를 벗어나고 장소를 뛰어넘어 성별, 나이, 직업, 성격, 기질, 취향이 전혀 다른 인물이 되어 전에는 생각해보지 않은 주제와 장면을 맞닥뜨리는 거니 어찌 즐겁지 않겠습니까. 현실세계에서 우리는 결코 타인이 될 수 없습니다. 독서는 그런 것입니다. 타인이 되는 즐거움! (호박을 기르면 호박잎도 먹을 수 있는 것처럼,

책을 읽으면 사고방식이 다양해지고 생각의 밀도가 높아질 수 있긴 합니다.)

반면에 글쓰기는 즐거움보다는 내 얘기를 제발 들어달라는 간절함 때문에 시작합니다. 다른 인물이 '되기'보다는 내 생각을 '보여주기' 위해 애씁니다.

물론 많이 읽은 사람이 글을 잘 쓸 가능성이 높습니다. 글을 풀어가는 방식이 자연스럽고 표현이 세련되고 어휘력도 뛰어나겠죠. 하지만 그건 둘 사이를 이어주는 다리나 개구멍을 하나 만들면 됩니다. 쓰기 위한 읽기는 어느 단계에서는 필요하지만, 그것 때문에 읽기의 즐거움을 놓칠 수는 없습니다.

책 읽기는 현실적 효용성은 별로 없습니다. 오직 즐거움만 있을 뿐입니다. 그게 목적입니다. 독서노트니, 독후감이니, 독서토론이니 하는 활동을 위한 읽기는 재미없습니다. '뇌섹남, 뇌섹녀'가 되기 위한 거라면 견뎌야 할 시간이 너무 깁니다. 누구를 '사랑하라'고 하거나 누구를 '도와주라'고 하면 좋던 마음도 사그라들듯이, 읽기도 그렇습니다. 시켜서 읽을 수 없습니다. 작가이자 교사인 다니엘 페나크는 《소설처럼》이란 책에서 '독자의 10대 권리'를 주장했습니다.

① 책을 읽지 않을 권리

② 건너뛰며 읽을 권리

③ 책을 끝까지 읽지 않을 권리

④ 책을 다시 읽을 권리

⑤ 아무 책이나 읽을 권리

⑥ 보바리즘을 누릴 권리

⑦ 아무 데서나 읽을 권리

⑧ 군데군데 골라 읽을 권리

⑨ 소리 내서 읽을 권리

⑩ 읽고 나서 아무 말도 하지 않을 권리

어떻습니까? 한국에서 행해지는 독서지도와는 정반대죠? 저는 다니엘 페나크 편입니다. 글을 잘 쓰기 위해 책을 읽지 마시고, 즐거움을 위해 책을 읽으시기 바랍니다. 농담이 아닙니다. 이제 그럴 때가 됐습니다.

책이 나를 통과할 때

다시 말하지만, 읽기의 목적은 즐거움입니다. 그런데 '읽기의 즐거움'은 여느 즐거움과는 다릅니다. 우리는 여행이나 놀이를 하거나 맛난 음식을 먹거나 마음 맞는 사람과 함께 있을 때 즐겁습니다. 유쾌하고 신나고 보람도 있죠. 표현이 적절할지 모르겠지만, 책 읽기는 '마음이 가라앉는 즐거움' '겸손한 즐거움' '무거운 즐거움' 같은 겁니다.

읽기가 주는 겸손한 즐거움

이 글을 쓰고 있는 대학도서관 서가에는 216만 권의 장서가 꽂혀 있습니다. 촘촘히 서 있는 서가를 지날 때면 그 무수한 책 앞에서 '죽기 전에 이 책을 다 읽을 수 없다'는, 아니 '책 제목도 다 볼 수 없다'는 자기 한계를 확인합니다. 책은 계속 출판되니 무한히 팽창하는 우주 같고, 나는 죽음이라는 낭떠러지에 다가가는 종이배 같습니다. 마음이 무거워지고 겸손해지죠. 책의 우주에서 내가 읽을 수 있는 책은 극히 일부분이라는 것, 그래서 내가 뭔가를 '안다'고 하는 것도 이 거대한 지적 성취 앞에서 극히 일부분임을 알게 해줍니다. 그래서 '읽은 책'은 무수한 '읽지 않은 책'과 함께 생각할 때, 다시 말해 '독서'는 '비非-독서'와 등을 맞대고 있다는 감각을 가질 때, 책 읽기를 제대로 이해하는 것입니다.

《읽지 않은 책에 대해 말하는 법》이란 재미난 책이 있습니다. 이 책의 작가 피에르 바야르는 독서란 불완전할 수밖에 없으니 '어떤 책'을 읽었느냐 안 읽었느냐를 따지기보다 내가 읽은 책을 다른 책과의 관계 속에서 바라보는 총체적 인식을 가지라고 권합니다. 그러니 읽지 않았지만 말할 수밖에 없는 상황에서 부끄러워하지 말고, 자신의 생각을 말하고, 자기 얘기를 하라고 합니다.

이 책의 가장 기발한 아이디어는 본문에서 다룬 책에 대한 분류(약호표)입니다.

① **UB**unknown book : 전혀 접해보지 못한 책
② **SB**skimmed book : 대충 뒤적거려본 책
③ **HB**heard book : 다른 사람들의 이야기를 듣고 알게 된 책
④ **FB**forgotten book : 읽었지만 내용을 잊어버린 책

책을 이렇게 분류하다니 재미있군요. 여기에 '감명 깊게 읽은 책'이라거나 '읽었고 내용도 기억하는 책' 같은 게 없다는 점이 중요합니다. 저자의 이런 분류 방식을 받아들일 수 있다면, 책을 읽지 않고도 책에 대해 두려움 없이 말할 수 있습니다. 나에겐 내 이야기와 생각과 맥락이 있으니까요. (제게 저 책은 '대충 뒤적거려본 책'(SB) 정도입니다.)

예를 들어, 현기형의 소설 《순이 삼촌》을 읽지 않았다고 해봅시다. 제주 4·3 항쟁을 다룬 소설이라는 것도, '순이 삼촌'이 실은 여성이라는 것도, 삶의 터전인 옴팡밭에서 벌어진 학살의 비극도 모른다고 해보죠. 누가 "너 《순이 삼촌》 읽어봤어?"라고 물으면, "안 읽었어"라고 하되 기죽지 말고 그다음 얘기를 할 수 있다는 겁니다. 국가폭력에 대해, 인간성에 대해, 삶에 대해,

기억에 대해, 다른 책에 대해.

물론 책에 아무런 관심이 없다면 할 얘기가 없을 겁니다. 읽지 않고도 책에 대해 말하려는 사람은 '책의 본질, 즉 그 책이 다른 책들과의 관계 속에 처한 상황을 파악하기 위해 책 읽기를 스스로 자제하는 사람'입니다.

책, 읽지 않아도 말할 수 있다

저는 솔직담백한 걸 좋아하고 규율과 과장된 격식을 싫어하는 편이지만, 사람에게는 '허세'도 필요하다고 생각합니다. 허세야말로 인간다운 면모라고 생각하기조차 합니다. 저는 집 밖으로 나설 때면, 하다못해 편의점에 도착한 책을 찾으러 갈 때도 머리를 감고 세수하고 나갑니다. 허세죠. 남들이 나를 허투루 보지 않게 하겠다는 허세.

책 읽기도 비슷합니다. 허세의 성격이 강합니다. 서점에서 책을 몇 권 사서 겨드랑이에 끼고 올 때의 뿌듯함, 도서관에서 책을 한 아름 빌려 가방에 들고 올 때의 '있어 보임', 책장에 무수히 꽂혀 있는 읽지 않은 책을 보며 '언젠가 읽고야 말리라' 하며 다짐할 때의 굳건함 같은.

얼마 전에도 마을 도서관에서 책을 10권이나 빌렸습니다.

대출 기간이 2주밖에 안 되는데도 말입니다. 제목이나 목차를 훑어보거나, 본문 중에서 눈길 가는 쪽을 펴서 잠깐 살펴보다가 계속 읽어보고 싶다는 마음이 생기면 빌립니다. 책 10권은 그렇게 집에까지 와서 책상 한 귀퉁이에서 작은 탑을 이루고 있다가 반납일에 고스란히 도서관으로 돌아갑니다. 그래도 나는 그 책을 '읽었습니다!'

빌린 책 중에는 《알고리즘에 대한 거의 모든 것》이란 책이 있습니다(이런, 《어떻게 수학을 사랑하지 않을 수 있을까?》란 책도 빌렸네요). 프롤로그에 이런 얘기가 나오더군요. 도서관장은 처음 출근한 사서에게 새로 배달된 1000권의 책을 저자명 순으로 책장에 꽂아놓으라고 합니다. 이 문제를 해결하기 위해서도 알고리즘이 적용된다고 하더군요. 손에 잡히는 대로 알파벳 순으로 서가에 집어넣는 삽입 정렬이란 알고리즘으로 하면 17일 소요되는데, 퀵 정렬 방식을 쓰면 3시간도 안 걸린답니다. 도서관장이 예뻐했겠네요. 우리의 거의 모든 일상에 들어와 있는 알고리즘을 코드가 아니라 사례와 이야기로 풀어 쓴 책이니 나도 충분히 읽을 수 있겠다 싶어 빌렸습니다. 읽지 않았지만, 다른 사람과 마주앉아 인간의 역사는 알고리즘을 발전시켜온 역사라는 얘기를 나눌 수 있을 듯합니다. 인공지능 전문가를 만나도 주눅 들지 않을 겁니다.

해체와 재구성의 기쁨

책은 영상이나 이미지와 본질적인 차이가 있습니다. 독서는 이미지나 영상으로는 범접할 수 없는 지적 능동성, 적극성이 필요합니다. 멍하니 텔레비전을 볼 수 있지만, 멍하니 책을 읽을 수는 없습니다. 다른 일과 동시에 할 수도 없습니다. '멀티태스킹'이 불가능합니다. 설거지하면서 드라마도 볼 수 있습니다. 드라마에 쏙 빠져 있으면서 그릇에 묻은 때를 깨끗하게 닦아낼 수 있습니다. 하지만 책을 읽으면서 다른 뭔가를 동시에 할 수는 없습니다. 책을 읽으면서 뉴스 아나운서의 말을 귀담아들을 수는 없는 일이지요. 그만큼 책 읽기는 온 신경을 집중해야 하는 일(노동)이죠.

그런 면에서 책은 고약한 장치입니다. 보이는 걸 입체적으로 보여주지 않고 한 줄로 늘어선 언어로 굴절시킵니다. 우리가 읽은 것들은 애초에 입체로 시작되어 납작한 평면으로, 가느다란 글자들로, 거기서 다시 나약한 몇 개의 선들로, 결국 단 몇 개의 점들로 뿔뿔이 흩어져버릴 뿐이겠지만, 언젠가 무엇에 관해 쓰려고 할 때 띄엄띄엄 놓여 있던 그 점들이 우연히 하나의 그림이 되기도 합니다. 그렇게 읽기는 쓰기의 아주 작은, 혹은 상상도 못할 만큼 거대한 실마리가 되고야 마는 겁니다.

글 읽기의 어려움은 여기에 있습니다. 읽기란 누군가(작가)

가 어떤 이야기(주제)를 문장과 낱말과 글자들로 쪼개고 분쇄한 작업을, 다른 누군가(독자)가 다시 이어붙이고 새롭게 모양을 만들어 무언가(해석)를 만드는 작업입니다. 우리 앞에는 이 고약한 방식을 습관으로 받아들이느냐 하는 문제가 놓여 있습니다. 어떤 책, 어떤 작가, 어떤 장르인지는 관계없습니다. 문장과 낱말과 글자로 해체된 조각을 다시 붙여 장면과 메시지로 탈바꿈시켜야만 하는 작업을 좋아하느냐의 문제입니다. 읽는 행위 자체를 즐거워하느냐는 것이죠.

나를 통과한 책과 글들

'1111 법칙'이란 게 있습니다(이 글을 쓰면서 만들었습니다, 하하). 우리는 살면서 1000권의 책을 사거나 빌리거나 구경합니다. 그중에 100권을 읽습니다. 그중에서 10권이 마음에 남는 책입니다. 그중에서 1권이 자신의 세계관, 철학, 삶에 결정적 영향을 주는 '인생 책'입니다. 그 1권도 시시때때로 변합니다. 중요한 건 1000권의 책이 내 앞을 지나가게 하는 겁니다. 나머지는 자동으로 됩니다.

글쓰기도 비슷하지 않을까요. 살면서 우리는 1000편의 글을 끄적거립니다. 그중에서 10분의 1 정도가 글로 완성됩니다.

그중에서 열 편은 그럴듯한 글입니다. 그중에서 하나의 글만 자신의 생각을 온전히 담은 '인생 글'이 됩니다. 그 글도 시시때때로 변합니다. 때론 아직 쓰지 않은 글이기도 합니다. 중요한 건 욕심부리지 말고 1000편의 조각 글을 무심히 만들어내는 겁니다.

무술(합기도)을 수련하는 목적은 근육질 몸매를 만들거나 기민한 동작으로 상대를 제압하는 것이 아닙니다. 자신의 몸을 '양도체'로 만드는 것입니다. 양도체는 구리처럼 전기를 '잘' 흐르게 하는 물체입니다. '양도체적 몸'은 에너지를 한곳에 머무르게 하지 않습니다. 흘려보냅니다. 우리 몸은 힘을 축적하는 건전지가 아니라 자연의 거대한 힘이 지나가는 길목입니다. 결국 수련을 통해 아집을 버리고 투명한 심신을 만들어가는 것이죠.*

책 읽기도 마찬가지입니다. (1000권의) 책이 내 몸을 '지나가게' 해야 합니다. 어떤 책이든 내 속에 머무르게 하면 안 됩니다. 머물러서 나를 너무 좌우하지 않게 해야 합니다.

---

* 우치다 다쓰루 지음, 박동섭 옮김, 《도서관에는 사람이 없는 편이 좋다》, 유유, 2024년.

'나'의 실마리일 뿐

앞에 든 책 얘기로 마무리하겠습니다. '어떤 포도주의 특징을 알기 위해서 한 통의 술을 모두 마실 필요는 없다. 30분 정도면 어떤 책이 가치가 있는지 없는지 어렵잖게 알아낼 수 있다. 사실 6분이면 충분하다.'

모든 책은 '자신'에게로 수렴됩니다. 책을 지나치게 세심하게 읽는 것은 읽는 사람을 자기 자신에게서 멀어지게 할 위험성이 있습니다. 책 읽기는 잠자고 있는 자기 고유의 시각을 발견하는 실마리 정도의 역할이면 족합니다. 책은 신줏단지가 아니라 '나'의 실마리입니다. 글도 그렇습니다.

반복의 발견

2024년 12월 3일, 밤 11시 40분. 얼굴은 본 적 없고 질문이 있다며 통화 한 번 했던 학생한테서 카톡 메시지 하나가 왔습니다.

'교수님, 부디 몸조심하세요.'

비상계엄이 선포되고 1시간 남짓한 시간에 그 학생은 왜 얼굴도 모르는 제가 떠올랐을까요? 많고 많은 사람 중에서 왜 제 안위가 걱정됐을까요? 고맙다고 답하면서도 '몸을 조심해야 할 정도로 내가 뭘 한 거지?' 되묻게 되더군요. 슬프고도 분했습니다. 학생이 선생을 걱정해주는 '사태'가 발생하다니.

비겁함을 드러내지 않아도 되는

고백건대, 저는 겁쟁이입니다. 겁쟁이가 아닌 적이 없었습니다. 떨어질까 봐 정글짐에 올라가지도 못했고, 물놀이를 가도 물이 어깨까지 차오르면 바로 물 밖으로 나왔습니다. 짜릿함을 즐기라고 고층빌딩이나 전망대에 만들어놓은 투명 유리바닥 위로는 올라설 엄두가 나지 않습니다. 엘리베이터가 조금만 흔들려도 눈을 감고 살려달라고 기도합니다. 번지점프는 언감생심 근처에도 가지 않습니다. 전두환 집권 때 서대문경찰서에 끌려가 벌벌 떨고 있는데, '피라미라 내보내준다'는 형사의 퉁명스러운 말이 얼마나 고마웠던지. '피라미'인 게 얼마나 다행이었던지. 전투경찰을 향해 짱돌 하나를 닿지 않게 던지고 돌아서 뜀박질할 때 등 뒤로 느껴지는 찌릿한 두려움이란….

비겁한 사람의 마음속은 늘 옹졸하고 비루한 상상들로 가득 차 있습니다. 쓸데없는 걱정, 비극적 망상으로 가득 차 있습니다. 여러분도 한 번쯤 이런 상상을 해봤을 겁니다. 일제강점기에 태어났다면 어떻게 살았을까? 친일 앞잡이였을까, 독립군이었을까? 전쟁이 일어난다면 뭘 했을까? 군인을 자원했을까, 남쪽으로 튀었을까? 건물에 불이 난다면? 노약자들을 먼저 구할까, 바람처럼 도망쳤을까? 쿠데타가 일어났을 때 내가 군인이었다면, 나는 항명했을까, 명령에 복종했을까? 저는 언제나 후자더군요. 맞서지 못하고 비켜서고 도망치고 굴복하는 자. 삶의 모든 국면에서 세계에 맞서지 못했습니다.

그런 제가 어쩌다가 '몸조심하시라'는 걱정을 듣게 됐을까요? 평소에 타인이 걱정할 만한 뭔가를 했나 봅니다. 곰곰 생각해보니, 그렇게 된 건 마음의 반복 때문이었습니다. '나는 비겁하다'는 자각을 수시로 반복하다 보면, 비겁함의 근원을 따져 묻게 됩니다. 다섯 살 무렵부터 '죽음'이 뭔지 궁금했습니다. 제 고향 탄광촌에서는 죽음이 일상이라, 죽고 나면 '나'는 어떻게 되는지를 묻게 되더군요. 지옥 불에 던져지거나 영원불멸의 존재가 되거나 귀신이 되어 날아다니다가 나무가 되기도 하고 나비가 되기도 했습니다. 그러다가 마침내 눈앞이 캄캄해졌습니다. 그야말로 '아무것'도 아닌 존재로 완벽하게 사라져버리더군요. 존재의 깨끗한 소멸에까지 생각이 이르니, 어린 저는 견디지 못하고 뒤집어쓰고 있던 이불을 박차고 일어나 바느질하고 계신 어머니한테 소리쳤습니다. "엄마, 나 안 죽으면 안 돼요?"(어머니 왈, "싱거운 놈!")

제 비겁함의 뿌리는 죽음에 대한 두려움 때문이었습니다. 이렇게 저의 비겁함을 말하는 이유는 이런 비겁함을 굳이 드러내지 않아도 되는 일상이 사무치게 소중하기 때문입니다. 우리의 일상은 자신의 비겁함을 노골적으로 드러내지 않아도 되니다. 조금 허덕거리며 살긴 하지만, 약간의 허세와 자신감으로 그럭저럭 버텨낼 수 있습니다.

반복한다는 건 행동한다는 것

그래서 제 생애 두 번째로 맞이한 쿠데타가 싫었습니다. 지긋지긋합니다. '다시 내 비겁함이 들통나겠구나.' 그런데도 비상계엄이 발표되던 날 밤 저는 여의도 국회의사당 앞으로 갔습니다. (겁나지만) 가야겠다고 했습니다. 우리 딸이 경찰 대열 한가운데로 빨려들어가 있을 때도 저는 손을 뻗어 그 아이를 빼내올 생각만 했습니다(저는 나서는 걸 싫어합니다). 퇴각하던 군용 트럭이 갑자기 유턴해 국회의사당 뒤편 도로로 진입하는 것을 딸아이가 맨몸으로 막아설 때도 '이제 돌아간다고 하잖아. 물러서'라고 할 뿐, 제 마음속에는 겁쟁이 아저씨가 머리를 빳빳하게 쳐들고 있었습니다.

'겁이 많다'는 생각을 평생 거듭하다 보니 언제부턴가 '겁 많은 자는 한 뼘 정도 발을 내디뎌도 별로 티가 안 나니 괜찮지 않을까' 하는 마음이 생기더군요. 용기 있는 사람의 큰 걸음에 비하면 아무것도 아니니 조금만 힘을 내도 되지 않을까 하는 생각. 몸담은 학교의 시국선언을 준비하고 나서, 한 걸음만 더 내디뎌보자는 마음으로 가두행진을 준비했습니다. 경찰서에 집회신고를 하고, 담당 형사에게 "5명이 모이더라도 가두행진을 할 거고, 인도가 아닌 차도로 가겠다"라고 큰소리쳤습니다. 겁이 났지만, 겁나지 않은 듯이 말했죠. 어떤 힘이 그랬을까요. 바로 반복 때문입니다.

반복한다는 건 행동한다는 겁니다. 생각하는 게 아닙니다(생각만 하면 저처럼 겁쟁이가 됩니다). 모든 독특한 존재와 관계를 맺는다는 뜻입니다. 이미 지나가버려 다시 시작할 수 없는 어떤 것을 반복하는 겁니다. 역설적이죠. 반복하는 행동은 늘 다른 방식으로 자신을 움직이게 만듭니다. 제 심장이 알려주더군요. 제 심장은 부정맥이라 가슴에 손을 얹고 느껴보면 맥박이 매번 다르게 뜁니다. '두근, 두우근, 두두근'(어디 성한 곳이 없군요). 심장은 방금 전의 동작을 다시 하는 게 아닙니다. 어떤 건 정상이고, 어떤 건 이상하거나 특이한 게 아닙니다. 저의 모든 심장박동은 다 독특합니다. 모든 존재가 다 독특하듯이.

틀에 박힌 행동이 필요한 이유

저의 일상은 틀에 박혀 있습니다. 저는 일주일에 세 번 합기도 수련을 합니다. 도장에는 25개의 빈칸에 수련한 날짜를 적는 종이가 붙어 있습니다. 각자 알아서 적습니다. 칸이 다 차면 지우개로 쓱쓱 지우고 그 앞의 숫자에 합산해놓습니다. 그렇게 8년이 됐네요(아직도 초보입니다). 보통 두 사람이 같은 동작을 8~12회 주고받습니다. 같은 동작으로 한다지만, 매번 다릅니다. 상대가 내미는 손의 힘과 기세가 다르고, 그걸 받는 제 위치와 자세도 다르기 때문입니다. 같은 동작을 반복하는데 하나도 지겹지 않습니다. 같은 동작을 다르게 하기 때문입니다. 즐겁고 만족스럽습니다.

틀에 박힌 생각은 사람을 경직되게 하지만, '틀에 박힌 행동을 유지하는 것'은 미세한 차이를 알아차리게 합니다. 섬세한 감각은 여기저기 돌아다니는 게 아니라, 같은 행동을 반복하면서 길러집니다(저는 여행을 잘 다니지 않습니다).

언뜻 보면 아무런 차이를 못 느낄지 모릅니다. 매번 똑같다고 생각합니다. 하지만 반복해서 보고 또 보다 보면 나와 대상 사이에 어떤 연결점이 보이기 마련입니다. 사람도 그렇습니다. 아무리 저와는 전혀 다른 사람을 만나도, 정말 이해가 안 되는 말을 들어도, 반복해서 보고, 듣다 보면, '저 사람도 그렇구나' 하게 되는 순간을 마주하게 되지요.

반복은 지겹지 않습니다. 지겨움은 강박적으로 새로움을 찾는 데서 비롯됩니다. 만족은 몸에 새겨진 반복 속에 존재하며,

익숙한 주제를 미묘하게 변조하면서 끝없는 풍부함을 발견하는 데 있습니다.*

수련할 때는 스승이 먼저 보여주는 동작을 따라 하기 바빠 도장 밖의 소란에 신경 쓸 틈이 없습니다. 내 앞에 있는 상대의 움직임을 관찰하는 데 집중할 수밖에 없습니다. 이러한 '관찰하기'는 자기가 뭔가를 관찰하는 데 관련돼 있다는 자각과 함께 그것을 표현할 말이 필요한 행위입니다.** 언어가 없으면 관찰하기도 불가능합니다. 인간만이 관찰할 수 있습니다. 고양이는 단지 쥐를 쳐다볼 뿐입니다. 고양이는 자신의 행위를 말로 설명할 수도 없고, 스스로 자신의 행동이 적절한지 물을 수도 없습니다.

그러니 '관찰'은 우리가 반드시 익혀야 하는 '삶의 기술 art of life'입니다. 몸을 움직이는 반복 없이는 결코 얻을 수 없습니다. 관찰은 사물의 진면목을 알아차리는 것을 방해하는 나의 모든 거짓 신념을 포기할 수 있는 힘과 자세를 길러줍니다. 우리는 평소에 관찰을 자주 하지 않습니다. 열심히 일하고 있을지는 모르지만, '지금 뭘 하고 있는 거지?' 되묻지 않고 그저 그 일을

---

* 조지 레너드 지음, 강유원 옮김, 《달인》, 여름언덕, 2007년.
** 움베르토 마투라나 지음, 서창현 옮김, 《있음에서 함으로》, 갈무리, 2006년.

계속할 뿐입니다.

반복하려면 관찰해야 합니다. 제대로 관찰하려면 반복해야 합니다. 반복은 단순히 같은 행동을 지속하는 게 아닙니다. 차이를 발견하는 겁니다. 차이를 발견하지 않는 관찰은 그저 '멍때리기'일 뿐입니다.

어떤 분야에 달인(베테랑)인 사람들이 하나같이 하는 말이 있습니다. "하다 보면 알게 돼요." 고기 잡는 데 베테랑인 어부는 무선 어군 탐지기(프로타)를 믿지 않습니다. 자신의 감을 믿습니다. "여기에 어망을 내리면 잡히겠다" 하는 감. 하다 보면 알게 되는 감이죠. 꾸준한 반복과 묵묵히 제 일을 하며 기다리다 보면 감이 길러집니다.[*]

반복, 관찰, 쓰기

글쓰기가 딱 그렇습니다. 관찰해야 글을 쓸 수 있습니다. 쓴다는 것은 결국 누군가를 끝없이 관찰하고, 이해하고, 조심스럽게 해석하고, 이 해석이 최선인지 의심하고, 끙끙 앓다가 그 순간 최선의 답을 내놓는 것입니다. 이 과정의 무한 반복입니다.

---

[*] 희정, 《베테랑의 몸》, 한겨레출판, 2023년.

골치가 아프고 지겹습니다. 그러니 사랑하지 않으면 할 수가 없습니다. 매일 아침 반복해 밥상을 차려도 사랑하는 사람 입에 들어가는 것이라면 애쓰지 않을 수가 없는 것처럼요.

목표를 성취하는 일에만 골몰하는 사회에서 목표 없는 글쓰기에 헌신하는 일은 쓸모없어 보일 겁니다. 그러라지요, 뭐. 우리는 똑같은 일을 반복하면서 확인하는 미묘한 차이와 변주, 그리고 우리 안의 무한한 가능성을 포기할 수 없습니다. 글쓰기는 뭔가가 되려고 하는 게 아닙니다. 그냥 글쓰기 자체가 목적이고, 그 목적조차 지워버리는 일입니다. 글쓰기란 언제나 겁나는 일이지만, 쓰기를 반복하다 보면 겁이 약간 덜 납니다.

그러니 어찌 이 무한 반복의 글쓰기를 포기할 수 있겠습니까. 어찌 이 목표 없는 반복, 이 소소한 일상을 하루아침에 바스러뜨린 쿠데타를 용서할 수 있겠습니까.

삶의 축을 세우는 일

잔심殘心. 무도에서는 동작을 마친 후에 '잔심을 표현하라'고 합니다. 상대를 던지자마자 곧바로 자세를 바꿔 제자리로 돌아오거나 몸을 돌리는 게 아니라, 던져진 상대에게 계속 눈길을 주고 마지막 동작을 그대로 유지하면서 '남겨진 마음'을 표현하라고 합니다. 물리적으로는 이미 상대를 던졌기 때문에 상대는 내 손을 떠났습니다. 내가 할 수 있는 건 아무것도 없습니다. 그런데도 '남겨진 마음' '잉여의 마음' '머무는 마음'을 표현하라고 합니다. '내가 당신을 던졌군요. 던져질 만하던가요? 던졌다고 당신을 완전히 잊은 건 아니에요. 다음번엔 좀 더 아름답게 던져드릴게요.' 미련을 가지라기보다는 던져진 사람과 이어진

선線, 즉 인연을 단칼에 끊지 말라는 뜻이겠죠. 떠나는 이의 뒷모습을 계속 바라보는 것과 비슷합니다. 당신은 떠났지만 우리는 여전히 이어져 있어요. 님은 갔지마는 나는 님을 보내지 아니하였습니다.

쓰지 않은 걸 알아차리는 재미

글쓰기도 비슷합니다. 글쓰기란 쓰고 나서 쓰지 않은 게 있음을 알아차리는 것, '쓰지 않은 걸' 다시 찾아 쓰고 나서도 여전히 미처 다 쓰지 못한 게 남아 있음을 받아들이는 것, '다 썼다, 다했다'는 말이 도무지 성립하지 않는 것이 아닐까요. 진정한 글은 편지를 부치고 나서 다시 쓰는 편지 같더군요. '쓰지 않은 글'을 기다리는 일인 것 같습니다.

사람 마음이란 게 참 얄궂습니다. 사건의 핵심, 사물의 주요 기능, 행동의 목적, 말의 요지처럼 뭔가 중차대한 것이 마음 가운데 자리잡아야 하는데 그렇지 않더군요. 사소한 것, 주변적인 것, 스쳐 지나가는 것, 덜 중요한 것에 마음이 더 쓰이고 기억에도 오래 남습니다.

지난 겨울 제 딸은 탄핵 찬성 집회에 열심히 나갔는데, 집에만 오면 광장에서 받은 '스티커' 자랑을 그렇게 했습니다. 같이

나간 날에는 옆에서 걷던 분이 '다시 만날 세계'라는 제목의 스티커를 주었습니다. 그게 인기 있어서 쉽게 구하기 어려운데, 망설임 없이 딸에게 "이거 드릴까요?" 하며 주더군요. 제가 넘겨받아 가방 속 책 사이에 끼워두었습니다. 며칠 지나 달라고 하더군요. 제가 책을 이것저것 잡스럽게 읽다 보니 어디에 넣어두었는지 도무지 기억나지 않았습니다. 며칠 동안 "아빠, 스티커 찾았어?"라는 추궁을 받아야 했습니다. 나중에 보니 책이 아니라, 서류 파일에 얌전히 넣어두었더군요. 집회보다는 기발한 깃발들 구경하러 광장에 나간다고 하듯이, 저희 딸은 탄핵보다 스티커더군요!

운동화를 사도 깔창 하나를 따로 넣어주면 거기에 마음이 더 갑니다. 과자보다는 덤으로 끼워 넣은 아이돌 사진에 마음이 더 갑니다. 책을 사도 책보다는 책방 주인이 끼워준 책갈피에 마음이 더 갑니다. 양꼬치를 시켜서 먹고 있는데 주인이 숙주볶음 한 접시를 슬쩍 내밀면 마음이 더 갑니다. 우리에겐 한발 비켜선 것들에 대한 감각, 별것 아닌 것에 대한 사랑이 있나 봅니다.

생각 저미기 놀이

글쓰기는 좋은 일이지만 세상살이만큼 중요하지는 않습니다. 우리는 취미로 글을 쓰고 있습니다. 글쓰기를 업으로 하는 전업 작가는 글쓰기 쪽으로 몸을 더 기울이고 있지만, 취미로 글을 쓰는 사람은 먹고살아야 하는 현실에 발을 더 담그고 있습니다. 전업 작가들은 글감을 찾아 매 순간 촉수를 뻗치고 온 힘을 다해 글을 씁니다. 하지만 우리는 작가에게 있는 이미지나 수준에 도달하기 위해 안달할 필요가 없습니다. 우리는 모두 '누군가'가 되어야 한다고 생각하지만, 글쓰기가 취미인 사람은 즐기기 위해 글을 쓰는 사람입니다. 이름을 알릴 필요도 없고 자신의 에고나 정체성을 강화하기 위해 애쓸 필요가 없습니다. 그저 쓰는 순간엔 작가이고 쓰지 않으면 작가가 아닐 뿐입니다. 그게 다입니다.

취미로 하는 글쓰기에서 '한발 비켜선 것들'을 찾거나 '별것 아닌 것'에 대한 사랑을 즐기는 두 가지 놀이가 있습니다. 일명 '생각 얇게 저미기'와 '생각 풀어헤치기'. 먼저 '생각 얇게 저미기'. 이것은 사건과 사건의 사이를 계속 물고 늘어지는 놀이입니다.

1단계. 오늘 눈뜨고 지금까지 한 일을 적습니다. 예를 들자면 이런 식입니다. '일어난다. 이불을 갠다. 세수한다. 옷을 갈아

입는다. 가방을 챙긴다. 밥을 먹는다. 집을 나선다. 2번 마을버스를 탄다. 수유보건지소에서 144번 버스로 갈아탄다. 고려대 앞에서 내려 273번 버스로 다시 갈아탄다. 학교 앞에서 내린다. 연구실까지 걸어간다. 문을 열고 들어가 컴퓨터를 켜고 주전자에 물을 받아 와 끓인다. 물이 다 끓으면 녹차티백을 넣는다. 뜨거운 차를 홀짝거린다. 책을 읽는 척한다. 수업 준비를 하는 척한다. 에코백에 짐을 챙겨 강의실로 향한다.'(제 일상은 이리도 무미하고 소소하군요.) 이렇게 기억나는 대로 적습니다.

    2단계. 그런 다음, 위에 적은 일 중에서 아무 데나 이어지는 두 사건을 고릅니다. '밥을 먹는다'와 '집을 나선다' 사이를 골랐다면, 두 사건 사이에 적지 않은 일을 찾습니다. 이런 식입니다. '밥을 먹는다. 다 먹은 그릇과 수저를 개수대에 갖다놓는다. 관절 약을 먹는다. 가족에게 인사한다. 문을 나서면서 현관문 손잡이 버튼을 눌러 잠근다. 오래되어 뻑뻑해진 연립주택 유리문을 두 손으로 힘껏 밀어 열고 다시 닫는다. 마당에 나온다. 마당에서 자라는 보리수나무, 산수유나무, 대추나무와 텃밭에 심어둔 허브와 푸성귀를 둘러본다. 지난해 담벼락 옆에 심은 포도나무 두 그루를 본다. 마을버스 정류장을 향해 간다.'

생각 풀어헤치기 놀이

3단계. 그러고 나서, 다시 이 중에 이어지는 두 사건을 다시 고릅니다. 예를 들어, '포도나무 두 그루를 본다'와 '마을버스 정류장을 향해 간다' 사이. 저는 버스 타러 가기 전에 포도나무 앞에서 무엇을 한 것일까요. 이랬습니다. 제 선생님은 은퇴 뒤 뒤도 돌아보지 않고 경기도 가평으로 낙향해 포도 농사꾼이 되었습니다. 재작년에 '저도 포도를 키워보고 싶다'고 하니 포도밭 한쪽에 묘목을 심어두셨더군요. 지난해 그중 두 그루를 담아주셨습니다. 봄이 됐지만 하나는 아직 어려 그대로였고, 하나는 새순이 몇 알갱이 돋았습니다. 연분홍빛 새순에 손을 내밀어 솜털의 감촉을 느껴봅니다. 며칠 전 내린 비에도 바싹 마른 채 껍질이 길게 벗겨져 있었는데, 오늘 보니 그 메마른 가지를 뚫고 어린 새순이 돋아나는 게 기특합니다. 사람이 할 수 있는 일이라고 해 봤자 흙을 북돋워주고 거름을 둘레에 부어주고 가끔 물을 주는 정도입니다. 깡마른 가지 사이로 틈을 벌려 비집고 솟아나는 힘은 오직 포도의 일이란 생각이 들었습니다.

이런 생각을 했다는 걸 생각해내는 게 '즐겁습니다'. 나의 순간순간이 뭔가로 채워져 있구나 하는 충만감이랄까요. 굵직굵직한 일로 일상이 듬성듬성 엮여 있는 게 아니라, 그 사이사이를 채운 소소한 것들이 내 삶을 온통 감싸고 있더군요.

다음은 '생각 풀어헤치기'. '생각 얇게 저미기'가 놓쳐버린 기억을 더듬는 것에서 즐거움을 찾는 것이라면, '생각 풀어헤치기'는 우리가 맞닥뜨리는 매 순간이 예측 불허라는 걸 즐기는 일입니다. 내 글이 어디로 향할지 모른다는 것이 걱정거리가 아니라 즐거움이라는 거죠. 이 놀이는 너덧 명이 한 모둠이 되어 이야기를 만드는 것입니다. 한 사람이 불쑥 떠오른 문장 하나를 적습니다. 왜 그 문장을 썼는지 다른 사람은 모릅니다. 다음 사람이 어떤 문장을 쓸지 아무도 모릅니다. 그저 이야기가 재미있게 '흘러가게' 하면 됩니다. 예컨대, 어느 강의에서 '엄마가 돌아왔다'라는 문장을 주고 돌아가면서 한 문장씩 써서 이야기를 완성해보라고 했습니다. 그랬더니 이런 으스스한 글을 쓰더군요.

엄마가 돌아왔다. "왜 돌아왔어?" 엄마는 아무 말도 못하고 내내 울기만 했다. 나갈 때는 웃으면서 나갔는데, 돌아와서 울기만 하니 나로서는 당황스럽기 짝이 없었다. "무슨 일 있어?" 아무 말 없이 서 있는 엄마의 모습에서 나는 참을 수 없는 분노와 알 수 없는 슬픔이 느껴졌다. 아무리 물어도 대답이 없는 엄마를 보며 답답하기도 했지만 더 몰아세우면 또 나가버릴까봐 묻지 못했.

사건은 작년 겨울에 시작되었다. 여동생의 일기에는 이런 말이 자주 쓰였다. '오늘 아빠 생신인데 너무 그리워서 마음이 아프다.' 아빠가 실종된 지 벌써 1년 6개월이 지났다. 엄마와 동생은 수없이 아빠를 찾아다녔지만, 결국 아무런 단서도 찾지 못했다. 우리는 점점 말을 잃어갔다. 엄마가 집을 나가던 날 아침은 조금 달랐다. 엄마는 무슨 꿈을 꾸었다고 하더니 웃으며 나갈 채비를 했다. 그길로 집을 나간 엄마는 다음날에 돌아왔다. 엄마는 꿈에서 아빠를 만났다고 했다. 꿈에서 아빠는 본인이 사라지면 뒷산으로 오라고 했다. 그래서 그날 아침 엄마는 뒷산에 갔다가 아버지의 시체를 보고 온 것이다.

"엄마도 봤구나! 내가 묻은 시체."

엄마가 돌아왔다. 돌아오지 않았다면, 엄마는 살았을 것이다.

이 놀이를 하다 보면, 글이 어디로 향할지 아무도 모른다는 걸 알게 됩니다. 무한대에 가까운 선택지 앞에서 아무런 거리낌 없이 발을 들여놓는 겁니다. 무슨 일이 벌어질지 아무도 모릅니다. 얼마나 즐거운 일입니까.

마침내 일상이 될 글쓰기

저는 취미로 글을 쓰는 사람이 더 많아져야 한다고 생각합니다. 글쓰기는 마치 발의 개수를 늘리는 것 같은 일입니다. 설령 발아래에 갑자기 땅이 꺼지더라도 다른 발이 무덤덤하게 지나칠 수 있는 삶의 축(軸)을 글쓰기 외에도 몇 개 더 만들어두어야 합니다. 제 직업은 선생이니 제가 수련하고 있는 합기도는 취미입니다. 하지만 취미에만 머무르지 않습니다. 흰 천에 쪽물이 들듯이 제 삶에 무도는 깊게 물들어 있습니다. 무도가 제 삶을 어떻게 바꿨는지 나열하자면 끝이 없습니다. 조화와 공존 추구, 환대하기, 용서, 완력 쓰지 않기, 순간에 충실하기, 생각 많이 하지 않기, 생각 많이 하기, 물러서기, 물러서지 않기, 굳어 있지 않기, 정체성을 계속 변경해나가기….

아마추어의 글쓰기는 당사자의 글쓰기이기 때문에 일상과 글이 서로를 끌어당깁니다. 일상이 글쓰기에 스며들고 마침내 글쓰기가 곧 일상이 됩니다.

평등하고 자유로운 공간에서

제 연구실 테라스 난간 위에는 볼품없는 플라스틱 화분이 하나 있습니다. 게으른 주인 때문에 잠깐 꽃이 피었다가 이내 말라 죽어 흙만 담겨 있었습니다. 흙을 버리지 못하고 다른 화분이 생기면 분갈이할 때 섞어주겠다는 마음으로 달걀 껍데기, 귤껍질, 사과 꽁다리, 안 먹어 썩어가는 복숭아 같은 것이 생기면 파묻어줬습니다. 양분이 없는 흙은 혈색 없이 딱딱한 덩어리가 되지만, 유기물이 풍부하게 들어간 흙은 곱고 보드랍습니다. 그러던 어느 날 흙에서 이름 모를 싹 몇 줄기가 툭 솟아났습니다. 기특해서 물을 자주 줬더니 한 달이 안 돼 초록 이파리가 가득한 화분으로 바뀌더군요.

'생명이란 저런 거구나' 싶었습니다. 예측 불허! 바람결에 풀씨가 날아왔는지, '흙이 알을 낳았는지' 저는 알 수 없습니다. 좋은 흙이나 되라고 했는데, 무성한 풀꽃이 자랍니다. 배움도 예기치 않게, 무엇에서 비롯됐는지도 모르게 불쑥 자라는 풀 같은 것 아닐까요.

나의 글이 우리의 글이 되기까지

글쓰기 강의실에서 만나는 학생들도 비슷합니다. 저는 '기록하는 인간: 호모 비블로스'라는 강의를 하고 있습니다. 대상 하나를 정해 책 1권 분량의 글을 쓰고 스스로 편집·출판까지 해야 하는 '빡센' 수업입니다. 수업은 단순합니다. 발표를 맡은 학생이 20명 정도의 학생들 앞에서 자기 글을 큰 소리로 읽어줍니다. 그러고 나면 다른 학생들이 그 글에 대해 이러저러한 대화를 합니다. 우리는 서로의 이야기를 들었고, 서로의 목소리를 알게 됐습니다. 예측 불허의 이야기들이 뒤섞여 서로를 자라게 했습니다.

예를 들어볼까요. 디자인을 전공하는 성주는 애초에 자신을 거쳐간 '운동화'를 중심으로 운동과 삶에 대해 이야기하려고 했습니다. 그런데 자꾸 글이 다른 쪽으로 간다는 것이죠. '예술을 사랑하기도 전에 예술을 사랑하는 척해야 했다.' 그러곤 '닭똥' 같은 눈물을 흘립니다. 입시 전쟁터를 통과해 어렵게 들어온 대학은 갑자기 자신에게 온전한 예술가의 풍모를 요구합니다. 대학 입시만 준비해온 자신에게 예술가이기를 강요한 거죠. 원치 않는 자리에 가서도 즐거운 듯 자신을 속여야 합니다. 그럴수록 외로웠습니다. 계속할 수 있을까? 나는 왜 사는가? 그렇게 방황할 때 알게 된 노래 하나가 자신을 지탱해줬다는 글이었습니다. 운동화에 얽힌 생활 얘기를 경쾌하게 쓰려고 했는데, 자꾸만 예술가적 한계, 예술과 자신의 현실 사이에 가로놓인 간극만이 보일 뿐입니다. 글을 쓰면서 자신을 감싸고 있는 슬픔의 정서와 무게를 알게 된 거죠.

다희는 "너의 아픔을 잘 알겠어. 우리도 비슷해"라며 위로합니다. 그러면서도 "너의 글에…" 하면서 "그 노래가 너에게 어떤 위로가 됐는지, 너를 어떻게 성장시켰는지가 더 드러나면 좋겠어"라고 말합니다.

버거운 삶을 사는 친구의 글을 마주하면 학생들은 뭐라 말할지 몰라 한참 동안 침묵합니다. 감정에 북받쳐 흐느끼는 친구에게 '글 자체'에 대해 논평하는 건 모두에게 곤혹스러운 일입니다. 그런데 그 일을 학생들은 요령 있게 잘해냅니다. "그래도 문장을 이렇게 고쳐봐." 그 말 한마디가 과거에 사로잡혀 자기연민에 빠져 있던 글쓴이를 구출합니다. 우리는 슬픔을 나누지만 거기에 머물러 있지 않았습니다. 어떻게 하면 그 슬픔을 잘 '표현'하고 더 많은 이들이 그 슬픔을 공유할 수 있게 다듬어야 하는지와 같은, 자신들의 '본업'으로 되돌아왔습니다. 우리는 우는 사람이기도 하지만, 글을 쓰는 사람이기도 하기 때문입니다.

강의실에는 이질적인 주제의 글이 이어집니다. 애인과의 알콩달콩한 사랑 얘기와 연락을 끊고 살다가 뇌출혈로 쓰러졌다는 아버지를 찾아간 얘기가 '한자리'에 모입니다. 어렸을 때부터 당한 따돌림과 차별을 다룬 글과 손녀를 애틋하게 사랑하는 할아버지를 다룬 글이 '한자리'에 모입니다. 전혀 다른 경험, 문체, 목소리, 주제, 정서가 '한자리'에 모이되, 어느 것 하나 소홀히 하거나 가벼이 여기지 않고 각기 다른 방식으로 집중합니다.

글에 대한 반응도 제각각입니다. 어떤 친구는 무조건적인 공감과 격려를, 어떤 친구는 맞춤법을, 어떤 친구는 글의 흐름을, 어떤 친구는 주제를 가지고 얘기합니다. 우리는 각자의 차이를 말살하지 않으면서도 친밀감을 느꼈습니다. 서로 다른 시선이 교차하면서 가르침과 배움이 동시에 이뤄지는 현장을 경험합니다.

"어때? 어디 고칠 데 없어?"라는 말은 자신의 글을 겸손하게 내어놓는 것입니다. 타인의 의견을 듣고 그 목소리를 내 글에 반영하겠다는 수용적 자세입니다. 물론 다 반영할 수는 없습니다. 어떤 친구는 그 대목이 마음에 든다고 하고, 어떤 친구는 좀 고치면 좋겠다고 하니까요. 어떻게든 두 얘기 중에 '무엇이 중요한지'를 판단해야 합니다.

경험과 시선이 교차할 때

글쓰기는 혼자 하는 일입니다. 고독하고 내밀한 행위입니다. 동시에 글쓰기는 함께하는 것입니다. 두 말은 모순되지 않습니다. 고독은 공동체와 적대적이지 않습니다. 고독한 글쓰기는 글쓰기 공동체의 반대말이 아닙니다. 고독한 사람이야말로 공동체를 이룹니다. 건강한 공동체는 개인의 고독과 존엄성을 철저히 보호합니다. 각자의 고독을 존중하지 않는다면, 모두의 고독은 당연히 존중받지 못할 것입니다.

떡갈나무 숲속에서 졸졸졸 흐르는

아무도 모르는 샘물이길래

아무도 모르라고 도로 덮고 내려오지요.

나 혼자 마시곤 아무도 모르라고

도로 덮고 내려오는 이 기쁨이여.

김동환 시인의 〈아무도 모르라고〉라는 시처럼, 우리 모두에게는 '아무도 모르는 샘물'이 있습니다. 그 샘물이 기쁨일지 슬픔일지 좌절일지 희망일지는 모릅니다. 나만의 고독한 경험입니다. 싫든 좋든 그것이 나를 만들었습니다. 그런 고독을 옹호해주기 위해 공동체가 필요합니다. 그런 공동체야말로 개인의 고독을, 달리 말해 개인의 존엄성을 지켜줍니다. 글쓰기 공동체는 각자가 '아무도 모르는 샘물'에서 퍼온 물을 나눠 마시는 것이기 때문입니다.

그래서 제안합니다. 글쓰기 공동체를 만들어보세요. 글쓰기 공동체는 '글쓰기를 모르는 사람들'의 모임입니다. 왜냐고요? 지금 내 앞에 어떤 글이, 즉 어떤 삶이 도래할지 모르니까요. 우리는 내 앞에 도래한 글(삶)에 순간순간 조응하고 반응할 뿐입니다. 어떤 현실적 목적도, 엄밀하고 불변하는 기준도 갖고 있지 않으면서 내 앞에 도래한 이야기에 자신의 목소리를 덧붙일 뿐입니다. 그러니 글쓰기 공동체는 텅 비어 있는 사람들의 모임입니다(공즉시색·空卽是色). 거울처럼 누가 지나가더라도 그를 비출 뿐 담아두지 않습니다. 어느 것도 소유하지 않습니다. 글 쓰는 사람은 영원히 아마추어입니다. 아마추어가 모인 글쓰기 공동체는 낯선 골목에 들어선 여행자처럼 호기심과 열정을 갖고 모든 걸 천천히 관찰하며 자기 속에서 생경하게 솟아나는 직관을 즐깁니다. 자신의 글이 그랬던 것처럼 타인의 글도 그렇게 대합니다. 가득 찬 사람, 모든 걸 아는 사람, 즉 전문가들은 공동체를 이루기 어렵습니다.

글쓰기 공동체는 글 쓰는 힘을 길러줍니다. 두 사람만 있으면 시작할 수 있습니다. 글쓰기를 이어가고 내 글을 조금씩 더 나아지게 하려면 내 글을 읽고 반응해주는 사람이 필요합니다. 새로운 글을 읽고 그 자리에서 떠오르는 생각을 말하다 보면 '부드러운 단단함'이 생깁니다. 마을이나 일터, 아니면 지인들과 함께, 그마저 어려우면 인터넷 블로그를 만들어 내 글을 꾸준히 읽어주는 사람을 곁에 두는 게 좋습니다.

글쓰기 공동체가 곧 민주주의

글쓰기 공동체의 '운영 원리'는 간단합니다. 두 가지의 원칙과 하나의 부칙! (인원, 장소, 횟수, 글 주제는 상황에 맞춰 알아서들 하시고요.)

[제1원칙] 큰 소리로 읽기. 육성(肉聲)이야말로 글쓰기 공동체를 이루

는 근간입니다. 눈으로만 읽으면, 읽는 사람은 마치 심사자가 된 듯합니다. '어디 잘못된 데 없나?' 하면서 글을 평가합니다. 큰 소리로 읽는 행위는 자신의 글을 공동체 속에 공식화하는 일이자 글을 인간화하는 일입니다. 글 쓰는 사람에겐 자신감을, 듣는 사람에겐 글의 육체성을 놓치지 않게 합니다. 큰 소리로 읽기는 참여한 모두를 불러일으킨다는 점에서 민주주의를 익히는 장입니다.

[제2원칙] 대화하기. 대화는 사람들 속에 있는 지혜를 이끌어냅니다. 내 글에 대한 감상을 듣는 것은 내 경험을 사유화하지 않고 타인에게도 그 경험을 해석할 권리를 나눠주는 것입니다. 적대감 없이 무엇이든 말하세요. 맞춤법과 띄어쓰기와 같은 형식적인 것에서부터 문장, 단락, 글의 흐름, 그리고 주제에 대해 이런저런 얘기를 나누는 겁니다. 모든 글은 해석입니다. 내 경험을 쓴 글도 하나의 해석입니다. 거기에 타인의 의견을 묻는 것은 '내 경험에 대한 (나의) 해석에 대한 (타인의) 해석'을 구하는 것입니다('해석의 해석'이라니, 어렵군요). 그러면 내 글에 타인의 목소리가 스며듭니다. 그 목소리를 두려워하거나 거부하지 마세요. 대화하기도 참여한 사람들의 다양한 목소리를 경청한다는 점에서 민주주의를 익히는 장입니다.

[부칙] 말하지 않아도 되기. 어떤 모임이든 말을 많이 하는 사람이 있

고, 말을 적게 하거나 아예 안 하는 사람이 있습니다. 자연스러운 일입니다. 말하지 않아도 됩니다. 말을 하지 않아도 공동체적 우정을 쌓을 수 있습니다(말 없는 사람에게 말을 권하면 '어떻게 참았을까?' 의문이 생길 만큼 새롭고 놀라운 말을 합니다만). 이 부칙은 모임을 진행하면서 견고한 원칙을 강요하지 말고, 무엇이든 허용하겠다는 포용성과 개방성을 추구하라는 뜻입니다(개방성은 새로운 것을 마주했을 때 기꺼이 자신의 관점을 바꾸려는 의지입니다).

저는 글쓰기를 말하지만, 실은 민주주의를 말하고 있는지도 모릅니다. 저는 글쓰기 공동체보다 더 나은 민주주의를 본 적이 없습니다.
맨흙에서 어떤 싹이 솟아오를지 아무도 모릅니다. 글쓰기 공동체라는 물을 주세요.

이질성을 초대하는 글쓰기

제가 사는 곳은 북한산 인수봉이 보이는 서울 수유리입니다. 자연경관지구라는 이름으로 그린벨트보다 더 강하게 개발이 금지된 곳이라 시골 같습니다. 집도 야트막하고 건폐율 때문에 옹색하나마 마당이 있습니다. 가끔 정부에서 낮은 이자로 집수리나 주변 환경 개선을 위한 은행 대출을 해줍니다. 우리 집도 몇 년 전에 낡고 기울어 쓰러질 듯한 담장을 허물고 거기에 주차장을 만들고 마당을 꽃밭정원으로 가꾸었습니다. 정원 가운데 출입로에는 잔디를 심었는데, 잡초 하나 없는 잔디밭의 푸르름을 보노라면 마음이 청량해집니다.

그런데 해가 갈수록 꽃밭에서 자라던 화초들이 야금야금

마당을 넘어왔습니다. 장맛비가 며칠 내리면 두어 걸음씩 자신들의 영토를 넓혔습니다. 날 맑은 주말이면 호미로 '김매기'를 했지만, 감당이 안 될 정도로 잔디를 삼켜버렸습니다.

뒤섞임을 받아들이면

땅을 덮으며 기어가는 식물은 번지는 속도가 빠릅니다. 담장 밑 그늘진 곳을 근거지로 삼은 조개나물(아주가)이 한 무더기 보랏빛 꽃을 피우며 자신들의 소유권을 주장합니다. 단물이 많아 벌이 사라진 요즘에도 열댓 마리의 땡벌(땅벌)이 윙윙거리며 꿀을 채집합니다. 미나리아재비는 여기저기 노란 꽃망울을 터뜨렸습니다. 드러누워 떼쓰는 아이처럼 질경이는 땅에서 도무지 떨어지려 하지 않더군요.

마음을 바꿨습니다. '잔디에 대한 로망을 버리자. 이것이 더 자연스럽고 아름답다.' 저처럼 질서에 목매는 사람 눈에는 여러 식물이 뒤섞여 자라는 것이 마당을 무질서하게 헝클어뜨리는 것처럼 보입니다. 하지만 '뒤엉킴'이 자연의 본모습입니다. 이질적인 것의 공존. 다양한 존재들이 상호작용하면서 각자의 세계를 만들어가기. 그걸 받아들이기로 했습니다.

애나 칭이 쓴 《세계 끝의 버섯》이란 책을 보면, 1945년 히

로시마가 원자폭탄으로 파괴됐을 때 그 속에서 처음 등장한 생물이 송이버섯이라고 합니다. 근대 자본주의 과학문명의 최대 성취로 보였던 원자폭탄이 이 세계를 폐허로 만들었지만, 이러한 인간의 패악질 속에서도 송이버섯 곰팡이와 소나무가 새로운 세계를 만들어나간다는 것이죠. 잎에서 광합성을 하여 달콤한 탄수화물을 뿌리에 붙은 송이버섯 곰팡이에 나눠주고, 곰팡이는 균사체를 뻗어 물과 양분을 흡수해 소나무 뿌리에 전해줍니다.

이 책에선 생물의 기본단위를 독립적이고 자립적인 단일종으로 보지 않습니다. 다른 생물종과 관계를 맺고 서로가 서로에게 '오염'되면서 공생한답니다. 인간도 단일종이 아니라고 봅니다. 인간의 디엔에이 DNA 중에서 인간에게만 있는 물질은 극히 적고 대부분은 다른 동식물이나 곤충, 미생물을 이루는 물질과 같은 물질로 이루어져 있습니다. 인간의 몸 안에는 1조 개 이상의 미생물이 있고 이게 없으면 음식물을 소화하지도 못하고 면역체계가 망가져 금방 죽고 말 것입니다. 아기가 태어날 때 엄마의 자궁이나 질에서 젖산균 박테리아라는 미생물을 얻게 되는데, 이게 없으면 장내 미생물의 균형이 망가져 젖을 소화할 수도 없고, 아토피나 알레르기에 쉽게 시달린다고 합니다. 인간과 비인간이 함께 모여 살면서도 말로만 '인간'이라고 할 뿐입니다.

글쓰기와 상관없는 얘기를 왜 이렇게 길게 하냐면, 글쓰기도 이래도 되지 않을까 하는 생각 때문입니다. 우리가 사는 세계는 이렇게 이질적인 종이 만나고 뒤엉키고 부딪치면서 공동으로 만들어진 것인데, 왜 글쓰기만은 '잘 정리된 하나의 생각'을 담으라고 할까요. 안 그래도 되지 않을까요?

무용한 말들 틈에서

집에 손님이 오기로 하면 방 청소를 깨끗이 합니다. 그런다고 그 사람을 위선자라고 비난하지 않습니다. 청소하지 않고 손님을 맞이하는 것이 더 성의 없어 보입니다. 그렇지만 진실은 '평소의 방'이 더 잘 담고 있을 겁니다. '일관된 질서'라고는 찾을 수 없는, 여기저기 먼지가 쌓여 있고, 각기 다른 이유로 놓여 있는 물건의 배치가 방주인이 살아가는 삶의 진실(!)을 이해하는 데 더 도움이 될 것임은 분명합니다.

글에도 다양한 높낮이, 돌출과 땅꺼짐, 거기서 생기는 굴곡이 있습니다. 일직선의 반듯함보다는 구불구불 정리되지 않고 혼란스러운 모습이 고스란히 담긴 글이 마음에 들 때가 있습니다. 제가 정서불안이라 그런지 모르지만, 예를 들어 조르주 페

렉의 산문 《생각하기/분류하기》에 나오는 이런 대목을 만나면 동지를 만난 듯 반갑습니다.

'내가 생각할 때 나는 어떻게 생각하는가? 내가 생각하지 않을 때 나는 어떻게 생각하는가? 이 순간에조차 내가 생각할 때 어떻게 생각하는지를 생각할 때 나는 어떻게 생각하는가? 예를 들어 '생각하기/분류하기'라는 말을 들으면, 나는 '생각하기/분유주기'나 '불륜을 저지른 생강' 혹은 '각하의 유아기'가 떠오른다. 이것을 '생각하다'라고 부를 수 있을까?'

어떻게 읽히던가요? 사실 제가 이 글을 옮기면서 뒷부분을 조금 바꾸었습니다. 프랑스 원문과 다르게 '한국어에 어떤 말이 있지?' 하며 한국어 발음에 따라 '분류하기'를 '분유주기'로, '분류'를 '불륜'으로, '생각'을 '생강'으로, '생각하기'에서 '생'과 '기'를 지우고 '각하'를, '분류하기'에서 '분'을 지워 '유아기'로 바꾸면서 혼자 낄낄거렸습니다. 우리 머릿속은 이렇게 즉흥적이고 불쑥 떠오른 것, 방향을 잃은 말과 생각들이 표류하고 있습니다.

이에 비해 다음의 글은 어떤가요? '생각은 인간 정신 활동의 핵심으로, 정보를 처리하고 문제를 해결하며 결정을 내리는 인지적 과정이다. 의식적이든 무의식적이든 다양한 방식으로 작용해 기억과 학습에 기여한다. 생각은 우리의 삶을 풍요롭게 하고 지속적인 발전을 가능하게 하는 원동력이며, 인간의 지적 활동을 이끄는 중심적인 역할을 한다.' 틀린 말이 하나도 없지만, 재미도 없군요.

우리 글에는 무질서와 과잉의 요소가 항상 포함돼 있습니다. 쓸데없는 말, 삼천포로 빠진 말, 과잉된 말, 주제와 동떨어진 말들. 그런데 그런 요소를 보란 듯이 포함시킨 '명작'이 꽤 있습니다.

방향을 잃을 때 넓어질 수 있다

소설 《레 미제라블》을 보면 장 발장이 하수도로 들어가려는 순간 '이걸 참고 읽어야 할까' 의문이 들 정도로 프랑스 파리의 하수도에 대한 역사와 통계적 설명을 수십 쪽에 걸쳐 늘어놓고 있습니다. 소설 《돈키호테》를 읽다 보면, 돈키호테와 아무런 관계가 없는 이야기가 생뚱맞게 들어가 있습니다(33~34장). '당치 않은 호기심을 가진 자에 대한 이야기'란 제목인데, 피렌체의 귀족이 장난삼아 정숙한 아내의 정절을 시험하기 위해 절친한 친구를 꼬드겨서 아내를 유혹하라고 부탁했다가 결국 세 사람 모두 불행한 죽음을 맞이한다는 내용입니다. 왜 이 이야기가 이 자리에 있는지 도무지 알 수 없습니다. 폴 스카롱의 《희극적 소설》은 유랑극단의 모험과 그 안의 다양한 인물들이 겪는 기상천외한 에피소드를 중심으로 전개됩니다. 그런데 이 소설 속에도 등장인물들의 이야기와 전혀 관계없는 '뛰는 놈 위에 나는 놈 있다'라는 단편이 실려 있습니다. 마치 작품이 두서없이 잡다하게 짜여 있다는 느낌을 줍니다. '지워야 할 것을 일부러 남겨두기' '잘 흘러가던 글에 일부러 방향을 잃게 하기' '통일성이나 균형감을 일부러 흐트러뜨려 멈추게 하기' 같습니다.

흔히 좋은 글이란 쓸데없는 이야기의 침략을 물리치고 하나의 주제, 하나의 생각, 하나의 메시지를 전달하는 것이라 말해집니다. 하나의 줄기만 남기고 나머지 잔가지를 다 잘라내라는 것이죠(저도 그런 얘기를 해왔습니다).

그렇습니다. 저는 이전의 글에서 '글의 구성'을 어떻게 짜임새 있게 할지에 대해 얘기했습니다. 그런데 여기에서는 구성에 집착하지 말라는 이율배반적인 얘기를 하고 있네요. 그럼 어쩌란 말인가요. 모르겠습니다. 다만 그저 관계없다고 생각되는 걸 연결해 글의 공간을 넓히고 생각을 다중화하면 좋겠다는 마음입니다.

실제로 모든 글에는 미세한 층위 변경이나 모호한 분열이 있습니다. 이런 것은 일탈이나 위반이 아니라, 글의 일반적이고 정상적인 모습입니다.* 때로는 실패하고 부적절해 보이겠지만, 그것이 글쓰기를 곁에 두고 계속 추구해야 할 이유가 아닐까 합니다. 이 책을 꼼꼼히 읽은 독자는 느낄 것입니다. '지금까지 한 말과 정반대의 이야기를 하고 있군!' 하지만 제가 지금까지 쓴 글과 정반대의 이야기를 함으로써, 제 이야기의 넓이가 훨씬 넓어졌습니다. '구성을 하되 구성을 하지 말라. 생각을 하되 생각을 하지 말라. 맞춤한 단어와 문장을 적재적소에 쓰되, 그 단어와 문장을 쓰지 말라.'

공생하는 자세

오늘날 우리가 사는 세상은 불확정성 indeterminacy 으로 가득 차 있습니다. 글쓰기도 불확정성과 예측 불허를 기꺼이 초대하는 게 아닐까요. 우리는 단일한 생각, 하나의 주제, 통일성 있는 구성을 찾기 위해, 다시 말해 하나의 질서를 남기기 위해 애씁니다. 그게 신화가 아닐까요?

좋은 글은 이질적인 이야기들이 협력하고 공생하는 글이

---

* 란다 사브리 지음, 이충민 옮김, 《담화의 놀이들》, 새물결, 2003년.

아닐지. 그러니 일관성을 찾으려고 너무 애쓰지 맙시다. 내 속의 이질성을 환영하기. 글 속에 이질성을 기꺼이 초대하기. 마당에 번져나가는 풀꽃들을 보면서 든 생각입니다.

'다른 몸'의 감각으로

봄 학기에 새로운 일을 꾸몄습니다. 대학에 합기도 강의를 연 것입니다. 무도 수련으로 관계성을 회복하고 조화로운 삶을 살 도록 만들어보겠다는 '야심 찬' 목표로 시작했습니다. 지하에 있는 동아리연습실을 강의실로 바꾸고 매트도 사달라고 해 30명 가까운 학생에게 무도를 가르치고 있습니다. 학생들한테는 '잘한다' '많이 늘었다' '즐거우면 됐다'고 응원하지만, 속으론 '이번 강의는 망했군!' 하는 마음이 듭니다. 학생의 실패가 아닌, 저의 실패.

가벼운 몸이 되어

제 욕심은 이런 것이었습니다. '대학생들을 다섯 살 꼬마로 만들기!' 뭐 하나에 꽂히면 배고픔도 잊고 해 질 녘까지 거기에 쏙 빠져 노는 아이처럼, 시끄러운 세상일을 잠시 잊고 신나게 노는 다섯 살 대학생을!

그런데 수업 시간에 숨을 헐떡거리며 땀을 흘리는 사람은 저밖에 없습니다. 멈추지 말고 동작을 주고받으라고 해도 학생들은 몇 번 하다가는 멈추고 서로를 멀뚱히 쳐다볼 뿐입니다. 초보라 해도 무도를 할 때는 (다른 무엇이 아니라) 무도인이 되어 무도인의 삶을 살듯이 동작을 익히는 데 집중해야 하는데, 그저 무도인의 시늉만 하고 있더군요. 모든 몰입은 내적 동기가 있어야 하는데, 저는 그걸 자극하고 북돋우지 못했습니다.

글쓰기를 익힐 때도 마찬가지입니다. 글 쓰는 사람 흉내를 내는 것이 아니라, 글을 쓰는 그 순간만큼은 마치 자신의 유일한 직업이 작가인 것처럼 써야 합니다. 글에서 다루려는 소재가 보여주는 삶과 사건에 풍덩 빠져서 글감 자체가 되어야 합니다(말이 쉽지, 실제론 어렵습니다). 글쓰기가 좋은 점은 무엇이든 '다른 몸'이 될 수 있다는 것입니다. 흰 도복으로 갈아입고 매트를 깔 필요도 없습니다. 글 쓰는 사람의 몸은 어떤 것일까요.

'글 쓰는 사람은 엉덩이가 무거워야 한다.' 젊을 때부터 지긋지긋하게 들었던 말입니다. 책상 위에서 고부라져, 지리멸렬한 시간을 견디다 보면 글은 이리저리 휘청거리면서도 어떻게든 단단해지고, 그러는 동안 딱딱하게 굳어버린 허리의 모양마저 튼튼한 고목처럼 멋져 보이는, 이 또한 노동이라 당당히 말할 수 있는, 무거운 엉덩이를 가진 작가의 몸.

하지만 저는 글을 쓸 때 항상 '가벼운 몸'의 이미지를 떠올립니다. 풀잎 위를 통통 뛰어다닐 만큼 가벼운 발, 가느다랗고 얌전한 몸매, 그리하여 언제 어느 곳으로든 쉽게 스며드는 전혀 다른 몸.

그런 가벼운 몸이 되었노라고 뻔뻔하게 스스로 속이고 나면, 그다음은 한층 더 뻔뻔하게 누군가의 몸속으로 빨려 들어가는 상상력을 발휘할 차례입니다. 영화나 드라마에서 자주 표현하는 유령 이미지처럼, 낯선 사람의 몸속으로 들어가 그 사람인 척 걸어봅니다. 이는 흔히 말하는 그 사람과 '입장 바꿔 생각해보기'와는 좀 다릅니다. 단지 그의 머릿속을 논리적으로 짐작해내는 일이 아니기 때문입니다. 원래 내가 가진 몸을 완전히 잊어버리고, '나는 지금 진짜로 그 사람이 됐다'고 자기 자신도 깜박 속일 수 있어야 합니다.

그 사람의 시야에서만 보이는 풍경

글을 쓰기 위해 다른 몸이 되는 일에 이토록 골몰하는 이유는 간단합니다. 그 사람답게 말하기 위해서입니다. 178센티미터의 시선으로는 휠체어 탄 사람의 눈에 보이는 것을 묘사할 수 없습니다. 성격이 벼락같이 급한데다 걸음도 빠른 저는 70대 노인이 힘겹게 내뱉는 말의 호흡을 번번이 잊어버립니다. 서울 지하철 1호선 회기역에서 경희대 앞까지 걸어가는 길을 말할 때, 제 몸을 그대로 유지한 채 글을 쓴다면 아마 이럴 겁니다.

① 이 동네는 오래 알고 지낸 친구처럼 정겹다. 자고 일어나면 새로운 점포가 들어서기 일쑤인 서울에서 이렇게 빛바랜 음식점이나 카페 간판이 있는 거리를 걸으면 위로가 된다. 서울에서는 '철수'당했다고 해도 좋을 법한, 10여 년 전까지만 해도 우후죽순처럼 생겨나던 '탐앤탐스'나 '역전우동0410'이 굳건히 버티고 있는 것이 반갑다. 그보다도 더 오랜 세월을 견딘 노포와 노점상 간판, 그 사이에 불쑥 돋아난 새로운 가게들이 어우러져 혼란스러운 풍경 속에서 온갖 색깔과 글귀가 새겨진 '과잠'을 입은 학생들 사이를 걷다보면 시끄러운 음악 소리, 각종 외국어가 귓전에 사정없이 스쳐간다.

키가 커서 시야가 높은 편인데다 활자 중독인 저는 거리를 걸을 때 간판들에 어쩔 수 없이 눈이 갑니다. 이런 몸이라서 어쩔 수 없이 느끼는 것들입니다.

이번에는 완전히 다른 몸을 상상해봅니다. 그 몸이 할 수 있는 말을 옮겨보겠습니다.

② 걸음이 자꾸만 느려진다. 뒤에서 바삐 걸어오던 학생들이 자꾸만 나를 앞질러 간다. 별수 없지. 여기저기 튀어나온 보도블록 앞에서 걸음이 자꾸 멈추는 탓이다. 이 동네에서는 땅만 보고 다녀야겠군. 길바닥에 양배추를 늘어놓은 노점상이 반가워 고개를 들어보니 붕어빵 가게다. 눈이 마주치자 활달해 보이는 중년 부부가 고개를 살짝 숙인다. 겨울이 아닐 때는 채소를 떼다 파는 모양이네. 야무져. 멀리 초록 신호등이 깜박인다. 다음 신호에나 건너면 다행이다.

다른 사람에게는 잘 보이지 않지만, 그 사람의 시야에서만 보이는 풍경이 있습니다. 그 사람 특유의 움직임이 빚어내는 사소한 눈맞춤도 있겠지요. 그 사람의 심박수, 폐활량, 위장 상태, 걸음걸이가 만들어내는 문장의 길이가 있습니다. 그 몸이 되어보려는 노력 없이는, 결코 할 수 없는 말들이 있습니다.

다른 몸이 되어보려는 상상력은 사람에게만 국한되지 않습니다. 다른 동물, 다른 종, 심지어 사물에도 마찬가지입니다. 의 의인화한 문장을 쓰기 어려운 이유는 그의 몸을 상상하기가 어렵기 때문입니다. 예를 들어 앞코가 터진 구두가 있다고 합시다 (저는 발가락이 울퉁불퉁해서 앞코가 자주 터집니다). 만약 그의 몸을 구체적으로 그려보지 않고 의인화한 문장을 쓴다면, 이런 문장을 쓸 것 같습니다.

③ 나의 주인은 늘 걸음이 빠르다. 뭐가 그렇게 바쁜지, 잠깐 멈춰 쉬는 법이 없다. 앞코가 터진 줄도 모르고 온종일 정신없이 돌아다니더니, 이제야 멈춰 서서 나를 내려다본다. 원망스러운 눈빛이 우습다. 잘못은 자기가 해놓고.

다른 세계를 이해하려는 시도

우리에게는 좀 더 구체적인 상상력이 필요합니다. 신발에도 눈이 있다면 어디쯤 달렸다고 해야 할까요? 살짝 들린 앞코에, 아니면 발등에? 그도 아니면 뒤꿈치에? 터진 앞코는 몸의 어느 부위일까요? 튀어나온 이마? 눈? 어디든 터졌으니, 아팠을까요? 통각을 느끼는 몸이기는 할까요? 신발도 귀가 있을까요? 제가 하는 말을 들을 수나 있을까요? 아무 말 없는 신발에 끊임없이 묻고, 신발이 됐다고 상상하며 답하고, 외로워도 슬퍼도 혼자 북 치고 장구 치기를 하염없이 반복하며 그의 몸으로 할 법한 말을 찾아내야 합니다.

④ 날 때부터 코 하나는 유난히 잘생겼다 했다. 고만고만한 아이들 틈에서 단연 돋보이던 코였다. 덕분에 쉽게 눈에 띄었고, 가장 먼저 팔렸다. 아무리 콧대가 높다 한들 살다보면 금방 닳아버리는 거라고, 몸에서 가장 쉽게 피로해지는 게 코라고, 그런 말은 날렵한 코를 못 가진 것들이나 하는 말이라고 생각했다.

일을 시작한 첫날부터 코가 납작해지고서야 깨달았다. 사는 것은, 콧대가 꺾이는 일의 연속이다. 무안한 일이 있을 때마다 아스팔트 바닥에 애꿎은 신발코를 문지르는 습관이 있는 주인과 함께라면 더더욱. 우뚝 솟았던 콧대는 금세 닳고 닳아, 주먹으로 얻어맞은 것처럼 갈수록 납작해지더니 급기야 터지는 날도 있었다. 터진 코를 얼기설기 꿰매고 자리로 돌아올 때쯤엔 차라리 은퇴를 선언하고 싶었다. 이런 것도 코라고, 계속 이렇게 달고 살아야 하나?

두 번째로 코가 터져보니, 차라리 숨쉬기가 편하다 싶다. 바람이 숭숭 들어오는 게 속이 다 시원하다. 미련은 없다. "어! 신발 왜 이래?" 그걸 이제 알았냐. 무심한 주인의 코를 한 대 때려주고 싶지만 휘두를 팔이 있어야지. 애처롭게 그를 올려다보며 비는 수밖에. 가다가 넘어져라!

터진 신발의 몸으로도 감각할 수 있다면, 그 감각을 언어로 옮겨오려는 상상을 게을리하지 않을 수 있다면, 우리는 아무리 낯선 존재라도 이해하려 끝없이 애쓰게 되고, 그렇다면 우리에게는 아직 무궁무진한 이야기가, 쓸 수 있는 글이 남아 있을 것입니다.

하나 더 해볼까요? 저는 읽지도 않을 책과 잡동사니를 잔뜩 넣은 가방을 메고 다닙니다. 무거운 가방이 어깨에서 미끄러져 떨어질 때, '가방 주인의 피로와 삶의 무게'와 '중력' 중 무엇이 더 가방의 처지를 잘 말해줄지를 저울질하는 건 글쓰기를 더 확장할 수 있는 길입니다. 아래 예문을 마저 볼까요.

⑤ 몸은 해산달이 가까워진 것처럼 갈수록 무거워졌고 나는 종종 휘청거리고 쏟아질 듯 이리저리 기울면서 내 안에 든 것을 꺼내놓고 싶다는 생각을 했다. 이러다가 배가 찢어질 것 같아.

⑥ 그 무렵에는 알 수 없는 힘이 자꾸만 나를 잡아당기는 것 같았다. 나는 자꾸 바닥으로 쏟아질 듯 기울면서, 왜 나만 유독 더 힘이 드는지, 다른 가방들은 이 이상한 힘에 어떻게 저항하는지 연신 기웃거리고 휘청거렸다.

의인화한 글을 쓸 때 유치해지지 않으려면 그 대상만의 세계관을 만들어주고 그 세계관 안에서 문장이 뽑혀 나오도록 해야 합니다. 짐이 잔뜩 든 가방을 임신부에 비유하는 건, 가방 밖에서 안쪽을 바라보는 사람의 시선에 가깝습니다. 외려 가방 입장에서는 두 번째 글처럼 안보다는 밖으로 시선을 돌리는 게 자연스럽습니다. 짐을 많이 넣는다기보다는 '이상하게 중력이 크게 작용하는 것만 같은' 느낌이 더 가방답습니다. 그리고 그것이 어쩌면 삶의 무게를 은유하기에 더 적확한 표현인지도 모릅니다. '유독 중력의 영향을 크게 받아 자주 바닥으로 떨어지는 가방'의 이야기로, 그리하여 '왜 삶은 나에게만 더 무거운 것 같은지, 나는 왜 자꾸 더 바닥으로 떨어지는 것 같은지' 물으며 사는 사람들이 공감할 수 있도록 하는 것. 이렇게 고민하는 것의 본질은 나와 전혀 다른 상대를 이해할 때의 태도와도 맞닿아 있어서, '아, 내가 아는 그거! 그 느낌!'으로 바로 가지 않고, 빙 돌아서 '너의 세계에서는 이렇겠다'라고 상상력을 가동하는 것에 가깝습니다.

다른 몸 되기

이걸 어찌 '다른 것에 빗댄다'는 뜻의 '비유'라는 말로 담을 수 있겠습니까. '다른 몸 되기'라고 부르는 게 더 맞는 말 같습니다. 저는 글을 쓸 때 이것이 매우 중요하다고 생각합니다. 인간이란 존재의 오묘함은 다른 몸이 되어볼수록, 자기로부터 멀리 떨어질수록 자신을 더 잘 알게 된다는 사실에 있습니다.

"진정한 예술가는 자신을 에워싸고 있는 현실과는 다른, 또 하나의 깊고도 흥미로운 삶을 자신의 내부에서 창조해보고픈 욕구를 가진 사람들입니다."[*]

---

[*] 콘스탄틴 세르게예비치 스타니슬랍스키 지음, 신겸수 옮김, 《배우 수업》, 예니, 2001년, 63쪽.

에필로그
✛

글을 '잘' 쓰고 싶다면

'나는 왜 매번 이렇게 글쓰기가 고통스러운가?' 오랫동안 글쓰기에 대한 글을 쓰면서 변하지 않는 질문입니다. '글쓰기는 왜 내 몸에 달라붙지 않는가?'

이제야 알게 되었습니다. 지금까지 제가 쓴 글은 언행불일치 속에서 요행히 낳은 알입니다. 가끔 사람들 마음에 가닿는 글이 되지만 대부분은 스스로 부끄럽다고 자책하는 글. 몸이 바탕이 되지 않은 채로 쓰다 보니 매번 들쑥날쑥, 뒤뚱뒤뚱, 허덕허덕거렸습니다.

나잇값 못 하는 어른 같더군요. '나잇값'. 나이에 어울리는 말과 행동과 생각. 나잇값을 하는 사람은 줏대 있는 판단과 책임, 타인과의 공존, 다양한 선택지를 허용하는 기다림과 유연함 같은 걸 갖춘 사람이겠죠. 자신의 감각을 믿고 자신이 있어야 할 곳, 자신이 있어야 할 때, 해야 할 일을 잘 찾아 거기에 있는 사람입니다.

나잇값을 못 하는 사람은 철부지처럼 내키는 대로 행동하거나 밑도 끝도 없이 고집을 부립니다. 자기 감정과 기분에 따를 뿐, 일관성이 없고 융통성은 더 없습니다. 타인이 처한 형편에 따라 이럴 수도 저럴 수도 있다는 유연함을 기대하기 어렵습니다. 자신이 있으면 안 될 곳, 자신이 있으면 안 될 때, 자신이 해야 할 일이 뭔지 모르는 사람은 나잇값을 못 하는 사람입니다. 어린 사람들이 기댈 만한 어른의 풍모를 갖지 못합니다.

나이를 먹는다고 나잇값을 하는 게 아닌데도, 다들 세월과 경험이 쌓이면 자동으로 나잇값을 하게 된다고 생각합니다. 열심히 일했다고 다이어트가 자동으로 되지 않습니다. 숨이 턱에 닿을 듯이 달리기도 하고, 땀나고 싫은 동작도 참고 해야 그나마 배도 안 나오고 덜 별로인 사람이 됩니다. 나잇값을 하기 위해서는 애를 써야 합니다. 글쓰기도 애를 써야 합니다.

저는 남들보다 자주 썼을 뿐, 글쓰기 수련을 하지 않았습니다. 현실에 안주했던 거죠. 몇 달에 한 번 들어오는 원고 청탁 외에 기본적으로 매주 한 편 쓰기를 7년, 매달 한 편 쓰기를 2년 반 동안 했는데, 이 정도면 괜찮지 않을까, 하는 자기만족에 빠졌습니다. 제자리걸음을 즐기고, '글쓰기는 누구에게나 고통스러운 작업이야' '글은 마감이 쓰지!' 하는 말만 외치며 시간을 보냈습니다. 자신의 한계 밖, 능력 밖, 경계선 밖, 울타리 밖으로 발을 내딛지 못했습니다. 어떻게든 글을 쓰니 스스로 대견하지 않은가, 글을 쓴다는 건 다른 사람보다 조금 고상해 보이는 취미 아닌가 하며 자신을 더 이상 밀어붙이지 않습니다.

저는 글 쓰는 몸을 만들기 위해 전력투구하지 않았습니다. 전력투구란 뭘까요? 문을 걸어 잠그고 책 하나를 쓸 때까지 문 밖으로 나오지 않는 게 아닙니다. 글쓰기를 몸의 근육에 각인시키는 것에 가깝습니다. 자기를 지금보다 한 걸음 더 고양시키기 위해 분투하는 것에 가깝습니다. 땀 흘려 기초 체력을 기르는 것에 가깝습니다.

자전거를 배울 때, 뒤에서 누가 몇 번 잡아주면 이내 혼자 탈 수 있습니다. 문제는 '다음 단계'에 대한 간절함이 있냐는 겁니다. 도약의 꿈 비슷한 것이죠. 이유 없는 전력투구! 저는 자전거를 곧잘 타게 된 초등학생 때, '손잡이를 잡지 않고 타기'를 하고 싶었습니다. 한 단계 더 도약하고 싶죠. 팔짱을 끼거나 손을 높이 들어 만세를 외치며 달리고 싶었습니다. 누가 시키지도 않았는데, 짐받이가 달린 큰 짐자전거를 끌고 학교에 갔습니다. 두 손을 놓자마자 기우뚱하며 땅에 꼬라박힙니다. 학교 건물 벽에 부딪혀 손등의 살갗이 벗겨져 피가 철철 나기도 합니다. 뉘엿뉘엿 해 질 녘까지 몇 날 며칠을 그랬습니다. 될 때까지! 되더라도 좁은 골목길도 달릴 정도로 완벽해질 때까지! 전력투구는 그런 겁니다. '손을 놓고도 자전거를 탈 수 있는 능력'을 몸에 각인시키기 위해 익숙하지 않은 동작을 반복하고 또 반복해야 합니다. 어디서? 남들이 보지 않는 곳에서!

　기타를 배우고 싶은 사람이 인구의 절반이 넘을 겁니다. 저도 그랬으니까요. 기타를 구하고 악보집을 사서 띵까띵까 합니다. 자주 나오는 코드 몇 개만 익히면 웬만한 노래에 반주를 할 수 있습니다. 하지만 대부분은 거기까지입니다. 기타리스트가 되는 사람은 몇 안 됩니다. 기타리스트들은 악보를 펴서 곡 연주를 하기 전에 손가락과 손목 스트레칭을 합니다. 일정한 속도를 유지하기 위해 메트로놈을 켜 놓고 피킹(피크로 기타줄을 치는 주법)이나 아르페지오(손가락으로 줄을 하나하나 튕기는 주법)를 '시도 때도 없이' 반복합니다. 훌륭한 요리사(셰프)가 되기 위해서도 평소에 칼질 연습을 꾸준히 해야 합니다. 손목에 힘을 뺀 상태로 칼날의 힘만으로 밀어 썰기, 당겨 썰기, 다지기, 채썰기, 어슷썰기, 깍둑썰기를 익힙니다. 오랫동안 해도 손목에 피로가 가지 않고 재료를 일정한 크기와 두께로 잘라야 합니다.

　이에 비해 우리가 하는 글쓰기는 '너무 너무 너무' 편합니다. 악기나 요리처럼 글쓰기를 익히기 위한 연습 패턴이 딱히 없습니다. "여러분, 글쓰기는 쉬워요. 펜과 종이만 있으면 됩니다. 쓰는 순간 여러분은 작가입니다!" (저도 이런 말 자주 합니다.) 물론 이런 말이 글쓰기를 '시작'하는 사람에게 좋은 격려가 될 수 있습니다.

하지만 정말 그럴까요? 쓰기만 하면 좋은 글이 되는 걸까요? 타인에 감응하고 세상을 새롭게 이해하는 글을 쓸 수 있는 걸까요?

가까이에 있는 전업작가 몇 명에게 '평소에 글을 쓰기 위해 뭘 하는지' 물어본 적이 있습니다. 그들은 언제든 글을 토해낼 수 있도록 자신만의 글쓰기 기초체력 단련법('루틴')을 가지고 있더군요. 방법은 조금씩 다르지만, 공통점이 있습니다. 글을 잘 쓰기 위한 간절함이 있고, 그걸 이루기 위해 뭔가를 반복적으로 한다는 겁니다.

어떤 작가는 아침에 일찍 일어나 책상을 정리하고, 집 밖으로 나가 하늘과 나무를 보고 기도를 올리다 보면 그날 쓸 글의 첫 한두 문장이 생각나곤 한답니다. 글이 막힐 때는 일부러 잠을 자거나, 밖으로 나가 조금 걷기도 합니다. 하루에 원고지 10매 쓰는 걸 습관으로 정해놓은 작가도 많습니다. 많이 읽고 관찰하고 수시로 메모하는 습관은 공통적입니다. 대부분의 작가는 평소에 책이나 사전을 읽습니다. 새로운 정보나 지식을 얻기 위해서이기도 하지만, 그보다는 새로운 단어나 문장의 자극을 받기 위해서입니다. 언제 써먹을지 모르지만, 날것의 메모를 할 수 있는 만큼 많이 쌓아둡니다. 문장으로 전환이 안 되면 사진이나 영상을 찍어 두기도 합니다.

체력을 유지하기 위해 운동을 하는 작가들도 많습니다. 무라카미 하루키가 매일 10킬로미터를 달리는 마라톤 마니아라는 건 잘 알려진 사실입니다. 마루야마 겐지는 50세 생일 이후 매일 아침 면도칼로 머리를 밀면서 작가정신을 가다듬었다고 합니다. 산악 오토바이를 탈 정도로 체력 관리에 철저합니다.

자기만의 특이(!) 행동을 하기도 합니다. 누구는 방청소를 깨끗이 한다고 하고, 누구는 조금이라도 길면 키보드 치기가 불편해서 손톱을 깎기도 합니다. '중성적 공간'을 즐겨 찾는 이도 많습니다. 중성적 공간이란 타인의 존재를 의식하되, 타인으로부터 방해 받지 않는 공간입니다. 밀폐된 자기 방보다는 카페나 도서관 같은 반쯤 열린 공간이 글쓰기에는 더 좋을 수 있습니다. 집에서는 오래 앉아 있을 수 없습니다. 냉장고, 텔레비전, 가족, 강아지 등등 방해물 천지에다 앉으면 눕고 싶고 누우면 자고 싶어지니까요. 저도 연구실보다는 카페에서 글을 쓰면 좀 더 집중이 되더군요. 컴퓨터를 두 대 쓰는 작가도 있습니다. 하나는 인터넷 연결이 안 되는 것입니다. 글 쓸 때는 '오프라인 컴퓨터'를 쓴다는 겁니다. 언제 어디서나 자연스럽게 나오는 습(習)이 될 때까지 거듭합니다.

저를 잘 아는 어느 작가는 나에게 이런 면박을 주더군요. "주 3회나 합기도 수련을 하길래, 글쓰기 수련도 사람들 안 보이는 데서 그보다 훨씬 많이 하고 있는 줄 알았지." 맞는 말입니다. 글을 '잘' 쓰려면, 본격적으로 무엇을 쓰기 전에 그냥 자기 몸을 글쓰기에 부합하도록 단련시켜야 합니다. 글 쓰는 몸이 되도록 시간과 공간과 일상을 재배치해야 합니다.

사는 게 그렇듯이 글쓰기에도 '판타지'란 건 없습니다. 그냥 한번 썼는데 멋진 글이 나왔다는 식의 '아름다운 드라마' 같은 건 없습니다. 한 만큼 늡니다. 십수 년 동안 뼈 빠지게 일만 하던 노동자가 가끔 책이나 잡지를 읽으며 글쓰기의 꿈을 키웠다고 해서 글을 '잘' 쓸 수는 없습니다. 하루 종일 밭일만 하는 농민이 글을 '잘' 쓸 수는 없습니다. 학술용 논문만 쓰는 학자도 글을 '잘' 쓸 수 없습니다. 모질게 들리겠지만, 그게 현실(진실)입니다. '책꽂이 하나 만들어 볼까?' 하며 덤벼드는 사람의 손은 먹여 살릴 입이 있어 톱질과 망치질을 하는 목수의 손을 따라갈 수 없습니다.

글을 '잘' 쓰게 되는 건 글을 넘치도록 쓰고 난 자투리나 부스러기, 일본말로 '기레빠시' 같은 겁니다. 빵집 아들(김연수 작가)이 카스텔라는 못 먹어도 기레빠시는 넘치게 먹고 크는 것처럼. 자투리라도 카스텔라는 카스텔라다 다디답니다. 김밥 꼬투리도 김밥인 것처럼. 단내 나도록 글을 써야 글 쓰는 몸이라는 기레빠시를 얻을 수 있습니다.

그러니 글을 '잘' 쓸 수 있게 되는 건 그냥 오지 않습니다. 언제 올지 모르는 '글 잘 쓸 때'를 기다리며 계속 자신을 단련시켜야 합니다. 이유나 목적이나 마감 없이, 나는 글 쓰는 몸을 갖추어가고 있는가? 시간을 일정하게, 공간을 맞춤하게, 습관을 일관되게 글쓰기에 맞추고 있는지 물어보고 그러기 위해 매일 조금씩 나아가야 합니다.

글쓰기는 일하는 것과 똑같습니다. 그냥 일을 하고 있다고 일이 점점 자동으로 늘어서 계속 잘하게 되지 않습니다. 일하지 않는 시간에 일을 잘하기 위한 뭔가를 해야 일이 늡니다. 거저 나잇값 할 수 없듯이, 거저 글을 잘 쓸 수 없습니다. 무엇 하나 '허투루' 대해서는 실력이 길러지지 않습니다. 마음을 단단히 먹어야 합니다. 간절함과 절박함이 있어야 합니다. '글을 잘 쓰고야 말겠다'는 각오를 다져야 합니다.

저는 여전히 글쓰기를 직업으로 하지 않을 작정입니다. 그럴 재능도 없습니다. 그렇지만 글을 '잘' 쓰고 싶습니다. '글의 주인이 보고 싶어지는 글'을 쓰고 싶습니다. 내 이야기가 타인에게 가닿기를 간절히 바랍니다.

경험에서 얻은 저의 결론은 이렇습니다. 저처럼 마감 시간이 정해져 있고 주제가 주어진 글을 써야 할 때 글을 쓴다고 해서 글이 느는 것은 아닙니다. 누가 나에게 글을 쓰라고 하지 않았을 때, 마감 시간이 따로 정해져 있지 않은 시간, 다시 말해 강제로 글을 쓰지 않아도 되는 (한가한) 시간을 잘 보내야 합니다.

여러분은 그런 시간을 어떻게 보내시나요? 이때야말로 글쓰기에 대한 신체적 감각과 기본 체력을 기를 수 있는 시간입니다. 마감이 없으니 쉬는 것이 아니라, 마감이 없으니 아무런 목적 없이 매일 무조건 문장 10개 쓰기, 매일 무조건 사물을 주어로 하는 문장 10개 쓰기, 매일 무조건 사전에서 단어 10개 찾아 읽기, 매일 무조건 책 10쪽 읽기, 매일 무조건 10분 간 글쓰기, 매일 무조건 팔굽혀펴기 10번 하기, 매일 무조건 마을 산책하기 같은 자기만의 글쓰기 수련법을 갖춰야 합니다. 그러면 여러분은 글을 '잘' 쓰게 될 겁니다(적어도 나잇값 하는 어른이 될 겁니다). '선생은 바담 풍 해도 학생은 바람 풍 하라'는 마음으로 드리는 말씀입니다. 저도 글 쓰는 몸이 되는 쪽으로 저의 몸을 바꾸어 보겠습니다.

쓰는 몸으로 살기

© 김진해, 2025

초판 1쇄 발행 2025년 9월 30일
초판 2쇄 발행 2025년 11월 5일

지은이 김진해
펴낸이 유강문
편집1팀 이연재 김진주
마케팅 김한성 조재성 박신영 김애린 오민정 우지윤

펴낸곳 (주)한겨레엔 www.hanibook.co.kr
등록 2006년 1월 4일 제313-2006-00003호
주소 서울시 마포구 창전로 70(신수동) 화수목빌딩 5층
전화 02-6383-1602~3 | **팩스** 02-6383-1610
대표메일 munhak@hanien.co.kr

ISBN 979-11-7213-324-5 (03800)

* 값은 뒤표지에 있습니다.
* 파본은 구입하신 서점에서 바꾸어 드립니다.
* 이 책의 내용 일부 또는 전부를 재사용하려면 반드시 저작권자와 (주)한겨레엔 양측의 동의를 얻어야 합니다.
* 본문에 삽입된 이미지와 인용된 문헌은 관계 기관의 허가를 거쳤습니다. 저작권자를 찾기 위해 최선의 노력을 했으나 각종 이유로 저작권자를 찾지 못한 경우 추후 정보가 확인되면 저작권자 정보를 다음 쇄에 표기하고 적법한 절차를 밟을 것을 알립니다.
* KOMCA 승인필.